하느님께서
지옥으로 보내는
사람이 있을까?

Good Goats: Healing Our Image of God

Dennis Linn·Sheila Fabricant Linn·Matthew Linn, S.J.

IMPRIMI POTEST:
Bert Thelen, S.J.
Provincial, Wisconsin Province of the Society of Jesus
March 8, 1993
Copyright © 1994 by Dennis Linn·Sheila Fabricant Linn, and The Wisconsin Province of the Society of Jesus.
Korean translation copyright © 2017 by ST PAULS, Seoul, Korea

하느님께서 지옥으로 보내는 사람이 있을까?

– 착한 염소, 하느님 이미지의 치유

발행일 2017. 3. 8

글쓴이 데니스 린·쉴라 린·마태오 린, S. J.
옮긴이 김인호·장미희
펴낸이 서영주
총편집 서영필
편집 손옥희, 김정희 **디자인** 송진희
제작 김안순 **마케팅** 최기영 **인쇄** 영신사

펴낸곳 성바오로
출판등록 7-93호 1992. 10. 6
주소 서울특별시 강북구 오현로7길 20(미아동)
취급처 성바오로보급소 **전화** 944-8300, 986-1361
팩스 986-1365 **통신판매** 945-2972
E-mail bookclub@paolo.net
www.**paolo**.net
www.facebook.com/**stpaulskr**

값 11,000원
ISBN 978-89-8015-889-8
교회인가 서울대교구 2016. 9. 20 **SSP** 1041

이 도서의 국립중앙도서관 출판예정도서목록(CIP)은 서지정보유통지원시스템 홈페이지(http://seoji.nl.go.kr)와 국가자료공동목록시스템(http://www.nl.go.kr/kolisnet)에서 이용하실 수 있습니다. (CIP제어번호 : CIP2017005126)

> 이 책은 저작권법의 보호를 받으므로 무단전재와 무단복제를 금합니다.
> 이 책 내용의 전부 또는 일부를 재사용하려면 반드시 저작권자와 성바오로출판사의 동의를 얻어야 합니다.

하느님께서 지옥으로 보내는 사랑이 있을까?

착한 염소, 하느님 이미지의 치유

데니스 린 · 쉴라 린 · 마태오 린, S. J. 글 | 김인호 · 장미희 옮김

성바오로

차례

서문 10

1부 하느님 이미지의 치유 13

친애하는 조지 아저씨 15

나는 왜 치유가 안 될까? 18

우리는 각자 흠숭하는 하느님의 모습을 닮는다 19

나의 하느님 이미지의 변화 과정 21

하느님은 적어도 우리를 가장 사랑하는
사람만큼은 우리를 사랑하신다 24

성경의 보복성 벌을 어떻게 이해해야 하는가?	25
보복성 벌에 대한 예수님의 대응	29
보복성 벌에 대한 성경 말씀을 문자 그대로 읽는 것은 우리를 미치게 할 수도 있다	31
2천 년 동안 삐치신 하느님	32
하느님은 검사인가, 변호사인가?	35
회개하지 않은 죄인인 나는 먼저 사랑받고 용서받음으로써 치유되었다	40
하느님께서 지옥으로 보내는 사람이 있을까?	43
지옥의 고통을 어떻게 이해해야 하는가?	48

우리를 찾아 지옥까지 내려오시는 예수님	50
그렇다면 자유 의지의 의미는 무엇인가?	53
하느님의 씨앗	55
"하느님은 아버지이시다. 그리고 나아가 하느님은 어머니이시다."	55
하느님 이미지의 변화가 그토록 중요한 이유는 무엇인가?	62
중독과 같은 부정적인 행동의 원인은 지옥에 대한 두려움인가?	65
벌은 절대로 치유할 수 없고 사랑만이 치유한다	68

우리는 모두 착한 염소	70
하느님 이미지를 변화시키는 간단한 방법	73

---

2 부 질 문 과 응 답　　　75

참고 문헌　　　161

하느님께서
지옥으로 보내는
사람이 있을까?

"사람의 아들이 영광에 싸여 오면… 모든 민족들이 사람의 아들 앞으로 모일 터인데, 그는 목자가 양과 염소를 가르듯이 그들을 가를 것이다. 그렇게 하여 양들은 자기 오른쪽에, 염소들은 왼쪽에 세울 것이다. 그때에 임금이 자기 오른쪽에 있는 이들에게 말할 것이다. '내 아버지께 복을 받은 이들아, 와서, 세상 창조 때부터 너희를 위하여 준비된 나라를 차지하여라.' 그때에 임금은 왼쪽에 있는 자들에게도 이렇게 말할 것이다. '저주받은 자들아, 나에게서 떠나 악마와 그 부하들을 위하여 준비된 영원한 불 속으로 들어가라.' 이렇게 하여 그들은 영원한 벌을 받는 곳으로 가고 의인들은 영원한 생명을 누리는 곳으로 갈 것이다."(마태 25,31-34.41.46)

**자신을 염소라고 느끼며 영원한 벌을 받게 될 것을
두려워하는 모든 이들에게 이 책을 바친다.**

서문

우리는 여러 해 동안 진행해 온 피정 강의를 바탕으로 이 책을 썼다. 강의 내용이 많은 사람들이 기존에 배워 알고 있던 것과 상당히 달라서 강의가 끝나면 우리는 질문을 받곤 한다. 그래서 이 책을 두 부분으로 나누었다. 1부 '하느님 이미지의 치유'에는 피정 강의에 포함된 짤막한 이야기들을 실었고, 2부 '질문과 응답'에는 우리가 받은 질문들 가운데 가장 일반적인 것과 그에 대한 우리의 좀 더 학문적인 답변을 실었다. 2부는 1부에 대한 신학적 근거를 제시한다. 마지막으로 참고 문헌을 첨부했다.

우리는 모든 질문을 존중한다. 이 책의 내용은 가톨릭교회를 포함하여 다른 많은 그리스도교의 전통과 정설에 기초를 두고 있으므로 독자들이 안심하고 읽을 수 있다. 그렇지 않다면 출판될 수 없었을 것이다. 우리의 책들은 그 내용이 정설에 부합함을 확인받아야만 예수회를 통해서 교회의 출판 허가를 받을 수 있기 때문이다. 천국과 지옥의 신비에 대한 우리의 견해는 타당할 뿐만 아니라 철저히 정통적이다.

데니스 린 · 쉴라 린 · 마태오 린, S.J.

1부

하 느 님   이 미 지 의   치 유

친애하는 조지 아저씨

나(데니스)는 제라드 휴스Gerard Hughes가 묘사한 '친애하는 조지 아저씨'Good old Uncle를 닮은 하느님 이미지image를 가지고 성장했다.

・・・・・

엄마와 아빠에 따르면 하느님은 그들이 매우 존경하는 친척과 같은 분이었다. 그 친척은 막강한 힘과 우리 모두에게 관심을 가지고 있었고, 매우 다정한, 없어서는 안 될 우리 가족의 친구 같은 분이었다. 우리는 드디어 '친애하는 조지 아저씨'를 방문하게 되었다. 그는 턱수염이 긴, 거칠고 위협적인 사람으로 어마어마한 저택에 살고 있었다. 우리는 이 아저씨를 집안의 보석 같은 존재라며 존경하고 감탄해 마지않는 부모님의 견해에 동의할 수 없었다. 우리가 돌아갈 때가 되었을 때 조지 아저씨는 매우 엄한 표정으로 말했다. "얘들아, 잘 들어라. 나는 너희들이 일주일에 한 번씩 여기에 오기를 원한다. 제때에 오지 않으면 너희에게 무슨 일이 일어날지 지금 보여 주겠다." 아저씨는 우리를 데리고 지하실로 갔다. 내려가는 길은 어두웠고 깊이 내려갈수록 점점 더 뜨거워졌으며 이 세상에서 들어 본 적 없는 기괴한 비명 소리가 들려오기 시작했다. 지하실에는 강철로 된 문이 여러 개 달려 있었는데 조지 아저씨는 그중 하나를 열고 말했다. "얘들아, 안을 들여다 보거라." 우리가 본 것은 악몽 같은 광경이었다. 거기에는 불타는 용광로가 줄지어 있었고 그것을 지키는 작은 악마들이 있었다. 악마들은 제때 조지 아저씨를 방문하지 못한 사람들, 아저씨가 인정하는 방식대로 행동하지 않은 사람들을 남녀노소 가리지 않고 모두 불길 속으로 집어던지고 있었다. 조지 아저씨는 "너희들이 나를 만나러 오지 않으면 가게 될 곳이 바로 저기란다." 하고 말한 후 우리를 부모님이 기다리고 있는 곳으로 데리고 올라갔다. 아저씨의 집을 나와서 우리는 한 손으로는 아빠를, 다른 한 손으로는 엄마를 단단히 붙잡고 걸어갔다. 엄마가 우리에게 몸을 기울여 말했다. "이제 너희들은 온 마음과 영혼과 정신으로, 온 힘을 다해서 조지 아저씨를 사랑해야 한단다. 알았지?" 우리는 마음속으로는 그 괴물을 증오하면서도 "네, 저는 조지 아저씨를 사랑해요."라고 말한다. 그렇게 말할 수밖에 없는 이유는 그렇게 하지 않으면 용광로 앞에 늘어선 줄에 합류해야 하기 때문이었다. 어린 나이에 종교적 정신 분열증이 자리를 잡으면서 우리는 조지 아저씨에게 아저씨가 얼마나 좋은 분인지, 우리가 얼마나 아저씨를 사랑하는지, 우리가 아저씨를 기쁘게 할 일만 얼마나 원하고 있는지 되풀이해서 말했다. 우리는 아저씨의 뜻이라고 여겨지는 말들을 따르고 감히 우리 자신에게조차 아저씨를 증오하고 있다는 것을 인정하지 못했다.

나는 왜 치유가 안 될까?

여러 해 동안 우리 셋은 우리 삶을 휘청거리게 하는 상처들을 치유하기 위해 기도하면서 삶에서 일어나는 치유를 경험하였고 또한 다른 사람들의 삶에서 깊은 치유가 일어나는 것을 볼 수 있었다. 하지만 마침내 나(데니스)는 치유 기도가 영향을 끼치지 못하는 내 삶의 문제에 직면하게 되었다. 왜 이런 일이 일어나는가?

나는 반은 독일인이다. 독일 사람 전체를 정형화하고 싶지는 않지만 나의 많은 조상들처럼 나도 독선적인 독일인으로 태어났다. 자신이 인정하지 않는 방식으로 행동하는 사람들을 모두 활활 타는 불 속에 집어던지는 독선적인 '조지 아저씨'처럼 나 역시 나를 제외한 모든 사람들 안에서 실수와 잘못을 찾아낼 수 있었다.

오랜 세월 동안 나는 이러한 독선적인 성향을 없애기 위해 가능한 모든 종류의 치유 기도를 해 보았다. 그렇게 해서 다른 많은 부분이 치유되었지만 독선적인 성향만은 변할 줄을 몰랐다. 내가 그토록 자주 그리고 열심히 기도하는데 하느님께서 왜 그 부분을 치유해 주시지 않는지 궁금했다.

그러던 어느 날 나는 내게서 독선적 성향이 거의 사라졌다는 것을 깨달았고 큰 궁금증이 생겼다. 오랫동안 그토록 힘겹게 노력해도 안 되었는데 도대체 왜, 어떻게, 갑자기, 그것도 거의 저절로 이런 멋진 변화가 내게 일어날 수 있었을까?

우리는 각자 흠숭하는 하느님의 모습을 닮는다

나는 나의 하느님 이미지가 바뀌었을 때 변할 수 있었다. 일반적으로 우리는 어린 시절부터 존경해 온 부모(결점을 지닌)를 존경하고 닮아 간다는 것을 알고 있다.

불행하게도 내가 성장하면서 흠숭한 하느님은 독일인이었다. 당시에 나의 하느님은 심판의 옥좌에 앉아 있는 독선적인 독일인이었고 지극히 남성적이었다. 나의 하느님은 독선적인 독일인이었기 때문에 당신 자신

외에 다른 모든 사람들 안에서 쉽게 실수와 잘못을 찾아낼 수 있었다. 이 독선적인 하느님은 자신의 마음에 들지 않는 것을 가진 사람들을 지옥으로 보냄으로써 자신과 그들을 분리시켰다. 나는 내가 흠숭하는 하느님을 닮아 있었고 그 하느님은 독선적인 독일인이었기 때문에, 그 상태로 그런 하느님께 아무리 많은 치유 기도를 해도 나는 아마 절대로 변할 수 없었을 것이다.

삶의 모든 영역에서 나는 내가 흠숭하는 하느님을 닮아 간다. 예를 들어, 핵무기로 서로를 전멸시킬 수 있을 때 많은 교회들이 평화에 대한 사목 서한을 발표한다. 교회는 사목 서한을 통해서 우리에게 적들을 향해서 절대로 핵무기를 사용해서는 안 된다고 말한다. 하지만 나의 하느님이 적들을 지옥의 용광로로 보내는 하느님이라면 나 역시 나의 적들을 핵을 품은 용광로로 보낼 수 있을 것이다. 그러나 나의 하느님이 그런 방식으로 사람들을 대하지 않는 분이라면 나도 그렇게 하지 않을 것이다. 이렇게 개인적인 치유뿐만 아니라 사회적인 치유를 위한 열쇠가 바로 우리가 가진 하느님 이미지의 치유라는 것을 깨닫게 된다.

나의 하느님 이미지의 변화 과정

어느 날 힐다는 아들이 네 번째 자살 기도를 했다며 울면서 나에게 왔다. 힐다는 아들이 매춘과 마약 거래와 살인에 연루되었다고 했다. 힐다는 아들이 지은 '큰 죄'의 목록을 나열하면서 이렇게 말을 마쳤다. "나를 가장 괴롭게 하는 것은 아들이 하느님과 아무런 관계도 맺고 싶지 않다고 말하는 것이에요. 회개하지 않고 하느님과 아무런 관계도 원하지 않으면서 자살을 해 버리면 제 아들은 어떻게 될까요?"

당시에는 나의 하느님 이미지가 '친애하는 조지 아저씨' 같았기 때문에 나는 '하느님께서는 당신 아들을 지옥으로 보내실 겁니다.'라고 생각했다. 하지만 힐다에게 그렇게 말하고 싶지는 않았다. 나는 여러 해에 걸친 신학 교육을 통해서 대답하기 어려운 신학적 질문을 받앉을 때 어떻게 대응하면 좋은지 배운 것을 다행으로 생각했다. 그것은 상대방에게 '당신은 어떻게 생각하나요?'라고 되묻는 것이었다.

힐다가 대답했다. "글쎄요, 제 생각에 우리가 죽으면 하느님의 심판대 앞에 서게 될 것 같아요. 착하게 살았으면 천국으로, 나쁘게 살았으면 지옥으로 보내실 거예요." 매우 애석하게도 힐다는 "제 아들은 아주 나쁘게 살았으니까 회개하지 않고 죽으면 하느님께서는 이 아이를 분명히 지옥으로 보내실 것 같아요."라고 결론지었다.

나의 생각도 힐다의 생각과 같았지만 '바로 그거예요! 당신 아들은 아마도 지옥으로 보내질 거예요.'라고 말할 수는 없었다. 나는 두 번째 대응 전략을 가르쳐 준 신학 교육에 대해 다시금 감사했다. 그것은 신학적 문제를 어떻게 풀어야 할지 모를 때 하느님께서 해결하시도록 맡기는 것이다. 그래서 힐다에게 말했다. "눈을 감아 보세요. 그리고 하느님의 심판대 옆에 서 있다고 상상해 보세요. 그리고 당신 아들이 그 모든 중죄를 짓고 회개하지 않은 채로 죽었다고 상상해 보세요. 그가 막 하느님의 심판대에 도착했습니다. 이런 상황이 상상이 된다면 그 표시로 제 손을 힘주어 잡으세요."

잠시 후에 힐다는 내 손을 잡은 손에 힘을 준 다음 심판의 광경을 자세히 묘사했다. 묘사가 끝난 후 내가 물었다. "힐다, 아들은 어떻게 느끼는 것 같습니까?" 그녀가 대답했다. "많이 외로워하고 공허함을 느끼고 있어요." 나는 힐다에게 어떻게 하고 싶은지 물었다. 힐다는 "두 팔로 감싸 주고 싶어요."라고 했다. 힐다는 두 팔을 들어 올려 아들을 꼭 끌어안는 상상을 하면서 울기 시작했다.

힐다가 울음을 그쳤을 때 마지막으로 나는 힐다에게 하느님의 눈을 들여다보면서 하느님께서 어떻게 하고 싶어 하시는지 보라고 했다. 하느님은 왕좌에서 내려와 막 힐다가 한 것과 마찬가지로 힐다의 아들을 끌어안아 주셨다. 그리고 셋이서, 힐다와 아들과 하느님은 함께 울면서 서로를 안아 주었다.

하느님은 적어도 우리를 가장 사랑하는 사람만큼은 우리를 사랑하신다

나는 큰 감동을 받았다. 그 짧은 몇 분 동안 힐다가 나에게 가르쳐 준 것은 건강한 그리스도인 영성의 핵심이었다. 그것은 하느님은 적어도 우리를 가장 사랑하는 사람만큼, 또는 적어도 쉴라와 마태오가 나를 사랑하는 만큼은 우리를 사랑하신다는 것이다.

쉴라와 마태오가 나를 많이 사랑한다면 "데니스, 우리는 너를 조건 없이 사랑해. 그리고 네가 무엇을 상상하든 그것보다 훨씬 더 많이 사랑해. 하지만 네가 그걸 다 날려 버렸어. 그러니까 너는 지옥으로 가야 해. 그래도 우리가 너를 얼마나 사랑하는지 잊지는 마."라고 말하지 않는다. 그리고 쉴라가 엄청나게 큰 핸드백을 가지고 다니지만 그 안에 나의 죄와 그에 합당한 벌을 기록하는 장부를 가지고 다니지도 않는다. 쉴라와 마태오도 그렇게 하지 않는데 하물며 하느님께서 그렇게 하시겠는가?

성경의 보복성 벌을 어떻게 이해해야 하는가?

나는 처음에는 힐다의 자비로운 하느님을 믿기 어려웠다. 나는 하느님께서 염소들을 어떻게 하시는지에 대한 마태오 복음 25장과 그와 유사한 보복적인 벌에 대해 묘사하는 성경 구절들을 읽으면서 성장했기 때문이다. 예를 들어, 마태오 복음 5장 29절은 오른 눈이 죄짓게 하거든 그것을 빼어 던져 버리는 것이 온몸이 지옥에 던져지는 것보다 낫다고 말한다. 이러한 장면들은 하느님을 마치 조지 아저씨와 같은 아동 학대범으로 묘사한다.

나는 힐다에게 배운 것이 진실일 수도 있다고 가정하면서 자문하기 시작했다. "우리를 가장 사랑하는 사람들이 보복성 벌에 대하여 말한다면 어떤 식으로 말할까?" 그때 나는 우리를 가장 사랑하는 사람들, 조부모, 부모, 연인들도 조지 아저씨와 아동 학대범들의 보복성 벌에 대한 표현을 사용하기도 하지만 그 의미는 상당히 다르다는 것을 알아차리기 시작했다.

예를 들어, 사촌 앤과 조지는 더할 나위 없이 건강한 네 명의 십대 자녀를 기르고 있다. 우리는 종종 그들에게 어떻게 아이들을 양육하는지 묻곤 했다. 언젠가 한 번은 이렇게 물어보았다. "지난해에 언제 아이들에게 벌을 주었는지 기억해요?" 우리의 질문에 앤과 조지는 둘 다 멍한 표정을 지었다. 벌을 준 적이 한 번도 없을 리가 없다는 생각에 우리는 질문을 바꾸어 보았다. "지난 5년 또는 10년 동안 아이들을 벌한 적이 있었나요?" 그들은 서로를 바라보았고 앤이 이렇게 답했다. "가족 여행을 간 적이 있었어요. 뒷좌석이 너무 시끄러워지자 조지가 아이들에게 조용히 하지 않으면 지붕 위에 묶어 놓고 달릴 거라고 했어요. 조지, 기억해요? 아이들이 얼마나 조용해졌었는지?"

마침 그들의 아들 조가 들어왔다. 우리는 엄마 아빠가 그에게 마지막으로 벌을 준 것이 언제였는지 물어보았다. 처음 반응은 부모와 똑같이 멍한 표정이어서 우리는 그의 부모에게 했던 방식으로 다시 물었다. "조, 지난 5년 또는 10년 동안 어떤 식으로든 엄마 아빠가 너에게 벌을 준 적이 있니?" 마침내 조의 얼굴이 밝아지면서 말했다. "엄마, 아빠랑 차로 여행 갈 때 우리가 너무 떠들었던 것 생각나세요? 아빠가 우리한테 조용히 하지 않으면 지붕에 묶어서 달릴 거라고 했던 거요!" 그리고 조가 덧붙였다. "와우, 우리 정말 조용해졌잖아요. 하지만 우린 아빠가 우리를 지붕에 매달고 달릴 거라고 믿지는 않았어요." 조의 말을 들은 우리는 모두 함께 웃었다.

아이를 차 지붕 위에 매달고 달린다는 것은 보복성 벌이다. 그러나 우리는 집에서, 가정에서 항상 보복성 벌을 줄 것 같은 말을 한다. 그러한 말은 모든 사람이 그 말을 문자 그대로 받아들여서는 안 된다는 것을 이해하는 맥락에서만 사용되어야 하는 과장된 표현, 곧 과장법이다. 성경 저자들과 예수님께서는 마태오 복음 5장 29절과 같은 과장법을 자주 사용하셨다. 또한 당대의 사람들도 과장된 표현들을 문자 그대로 받아들여서는 안 된다는 것을 알고 있었다. 조처럼 우리는 우리를 진정으로 사랑하는 사람들이 그런 표현을 쓸 때 그들이 실제로는 절대로 그런 벌을 주지 않는다는 것을 잘 알고 있다. 그 상황에 있던 모든 사람들이 조지의 말은 단지 그들이 함께하는 즐거움을 누리기 위해서 서로 지켜야 하는 것이 있고 그렇게 하는 것이 중요하다는 것을 강조하기 위해서 한 말이라는 것을 이해했다. 그러므로 조지가 운전 중에 화가 나서 한 말은 곧 "우리가 함께하는 즐거움을 누리기 위해서 중요한 것은 너희들이 조용히 하는 것이란다."를 의미하는 것이다. 그리고 마태오 복음 5장 29절에서 하느님께서 우리에게 오른 눈을 빼어 던져 버리라고 하실 때 그것이 의미하는 바는 아마도 다음과 같을 것이다. "마음의 창인 너의 오른 눈을 망가뜨리지 마라. 성욕을 만족시키기 위해서 네 눈을 잘못 사용해서는 안 된다. 이것이 중요한 이유는 그래야 우리가 피조물의 내적 아름다움을 함께 즐길 수 있기 때문이다."

그러나 앤과 조지가 정말로 아이들을 자동차 위에 매달고 달리는 아동 학대범이라면 우리는 어떻게 하겠는가? 그들이 자녀들을 그렇게 위협하는 것을 우연히 들게 된다면 우리는 경찰에 신고할 것이고 경찰은 그들이 더 이상 자녀들을 학대할 수 없도록 앤과 조지 또는 조지 아저씨를 정신 병원에 감금하도록 할 것이다. 그러나 기쁜 소식은, 하느님께서 적어도 앤과 조지만큼은 사랑이 많은 분이시라는 것이다. 앤과 조지와 마찬가지로 하느님도 아이들을 학대하는 분이 아니라, 진정으로 사랑하는 분이시다.

보복성 벌에 대한 예수님의 대응

예수님께서 지니신 사명의 핵심은 하느님 이미지를 아동 학대범에서 아이들을 진정으로 사랑하는 분으로 변화시키는 것이었다. 그래서 예수님은 항상 사람들이 지닌 보복하는 하느님 이미지를 변화시키려고 노력하셨다. 예수님은 종종 안식일에도 사람들을 치유하거나 나병 환자를 만지고 사람들을 용서하려 애쓰셨지만 사제들과 율법 학자들과 바리사이들은 그것을 막으려고 했다. 이는 그들이 그 '불법적인' 행위들의 결과로 받는 보복적 처벌에 대하여 상세히 적어 놓은 성경 말씀을 문자 그대로 해석했기 때문이다.

예를 들어, 요한 복음 8장 5절의 '간음한 여인'에 대한 이야기에서 율법 학자들과 바리사이들은 여인을 돌로 쳐서 죽이기를 원한다. 그들은 예수님께 "모세는 율법에서 이런 여자에게 돌을 던져 죽이라고 우리에게 명령하였습니다."라고 말하며 자신들을 정당화한다. 그들은 레위기 20장 10절과 신명기 22장 20절의 모세의 법을 언급하는데 거기에는 하느님께서 간음한 여인을 돌로 쳐서 죽이라는 보복성 벌을 명하신다고 쓰여 있다. 만약 예수님께서 율법 학자들과 바리사이들처럼 보복성 벌에 대한 성경의 말씀들을 문자 그대로 이해하셨다면 그들처럼 간음한 여인에게 돌을 던지는 것에 동참하셨을 것이다. 예수님께서 율법 학자들과 바리사이들에게 들고 있는 돌을 내려놓으라고 초대하신 것은 바로 그들로 하여금 성경의 보복성 처벌에 대한 말씀을 문자 그대로 받아들이는 것을 멈추도록 초대하신 것이다.

보복성 벌에 대한 성경 말씀을 문자 그대로 읽는 것은 우리를 미치게 할 수도 있다

내가 성경의 보복성 벌에 대한 내용들을 문자 그대로 받아들이는 것이 얼마나 위험한지 가장 확실하게 깨달은 것은 정신 병원에서 온 연락을 받고 친구 빌 윌슨을 만나러 갔을 때였다. 경비원들이 나를 빌의 방으로 안내했는데 그의 양손은 침대에 쇠사슬로 묶여 있었고 얼굴 오른쪽에는 붕대가 감겨 있었다. 그날 아침 빌은 자신의 오른쪽 눈을 파내려고 했다는 것이다. 왜 그랬는지 빌에게 물어보자, 그는 "네 오른 눈이 너를 죄짓게 하거든 그것을 빼어 던져 버려라. 온몸이 지옥에 던져지는 것보다 지체 하나를 잃는 것이 낫다."라는 마태오 복음 5장 29절을 인용하여 대답했다.

빌이 '네 오른 눈이 너를 죄짓게 하거든 그것을 빼어 던져 버려라.'라는 문장을 문자 그대로 받아들이는 것을 목격한 사람은 누구나 빌이 제정신이 아님을 알 수 있다. 하지만 내가 깨달은 것은, 이어진 그 다음 문장을 문자 그대로 받아들여서 하느님께서 앙갚음을 하시려고 나를 지옥에 던지실 것이라고 믿는 나도 빌만큼이나 똑같이 제정신이 아니라는 것이다.

청소년기에 우연히 주유소 달력에서 여자의 나체 그림을 보았을 때 나는 빌만큼이나 제정신이 아니었다. "이제 나는 대죄를 지었으니 이곳을 나가 자동차 사고로 죽으면 바로 지옥행일 것이다."라고 생각했기 때문이다. 그리고 자녀들에게 "바르게 행동하지 않으면 하느님께서 벌을 주실 거야."라고 말하는 많은 부모들도 빌만큼이나 제정신이 아닌 것이다.

2천 년 동안 삐치신 하느님

나는 성경의 보복성 벌에 대한 표현을 문자 그대로 믿는 경향이 있는데 이것은 부분적으로는 안셀모 성인(Anselm, 1033-1109년)의 가르침에 대한 일반적인 이해에 기초한다. 딕 웨스틀리Dick Westley는 「Redemptive

Intimacy(구원적 친밀감)에서 신학자 월터 임비오르스키 Walter Imbiorski의 말을 인용하여 안셀모 성인의 가르침이 어떤 식으로 왜곡되어 일반적인 그리스도교 가르침이 되었는지 설명한다.

⋯⋯

우리들 대부분은 정서적으로 이른바 안셀모의 구원 신학에 갇혀 있기 때문에 여러 가지 어려움을 경험하게 된다. 안셀모의 구원 신학은 다음과 같이 설명할 수 있다. 하느님은 세상을 창조하셨다. 아담과 하와는 죄를 지었다. 하느님은 화가 많이 나셨고 그때부터 만 년 동안이나 삐치셔서 천국의 문을 닫아걸고 악당들을 내쫓으셨다. 그렇게 하느님은 화가 난 채로 저 위에서 약 오천 년을 보내셨다. 그때 아들 예수님이 다가와서 "아빠, 이제 저 아래 있는 사람들을 용서하실 때가 되지 않았어요?"라고 말한다. 하느님은 "아니, 나는 나의 신적 권위를 모욕한 저들이 싫어. 그러니까 쫓겨나는 것은 당연해. 대신 다른 은하계를 새로 만들자!"라고 하신다. 그로부터 또 오천 년이 흘렀다. 아들 예수님이 다시 와서 "아빠, 제발 그만하시고 이제 용서하시죠! 못하시겠다면 이렇게 하시죠. 만일 아빠가 저들을 다시 사랑하게만 된다면 제가 저 아래로 내려가서 저들 중 한 사람이 될게요. 그때는 저들을 사랑하셔야만 할 거예요. 제가 바로 그들이니까요." 하느님께서는 아들을 지그시 바라보시며 말씀하신다. "그 정도로 내 마음을 조금이라도 돌려놓을 수 있다고 생각하느냐?" 그러자 아들이 말한다. "좋아요, 아버지 하느님, 그럼 제가 어떻게 할지 말씀드릴게요. 제가 밑돈을 좀 올려 아버지께서 거절하실 수 없는 제안을 할게요! 제가 내려가서 저들 중 한 사람이 될 뿐 아니라 저들을 위해서 고통을, 진짜 피까지 흘리는 고통을 받을게요. 이 정도면 마음이 좀 움직이시겠어요? 어떠세요?" 그러자 하느님께서 말씀하신다. "이제야 말이 좀 통하는구나. 하지만 너는 진짜 고문을 당하고 진짜 피를 흘려야 해. 신적 힘을 이용해서 속임수를 써도 안 되고. 알아듣겠니? 너의 고통은 완전히 진짜여야 한다. 네가 그렇게 하는 것을 보면 그들을 용서해 줄 거란다. 하지만 만일 저들이 바른길을 벗어나 전처럼 엇나가면 나는 저들을 인정사정없이 곧바로 지옥으로 보낼 텐데, 아마도 그 속도가 너무

빨라 그들은 머리가 빙빙 돌고 어지러울 것이다." 이것이 우리가 일컫는 복음서의 '기쁜 소식'이다.

하느님은 검사인가, 변호사인가?

안셀모 성인의 신학은 신약 성경의 여러 장면들에 대한 조금은 다른 전통적인 이해, 곧 연민과 자비를 바탕으로 한 이해를 무시함으로써 '기쁜 소식'의 매우 중요한 면들을 놓치고 있다. 예를 들면, 파라클레토스 또는 '우리를 심판하는 예수님의 성령'은 "우리를 옹호하는 변호사"(요한 14,16; 15,26)로 번역하는 것이 가장 적절하다. 스페인어는 이 의미를 매우 잘 전달하고 있는 것으로 보이는데, 스페인어로 쓰인 많은 성경 번역본들과 교회 기도문에서 심판하는 예수님의 성령이 "우리의 변호사"라는 의미의 'nuestro abogado'로 묘사된다.

신약 성경에는 예수님을 변호인으로 묘사한 많은 이야기가 등장한다. 그중 사도 바오로(사도 9,1-22)와 간음한 여인의 이야기(요한 8,2-12)를 예로 들어 보자. 예수님은 간음한 여인의 변호사로서 아무도 여인에게 돌을 던지거나 여인을 비난하지 못하게 하신다. 예수님은 여인을 심판하시지만 검사가 아니라 변호사로서 하신다. 여인의 파괴적인 행동 곧 간음에 대해서는 분명하게 지적하시지만, 사람으로서 그 여인의 편에 조금의 망설임도 없이 서 주신다. 예수님의 마음을 가장 상하게 하는 것은 마치 검사처럼 행동하며 돌을 던지는 사람들이다(요한 8,7).

예수님은 또한 바오로의 변호사시다. 아마도 바오로보다 더 마음이 굳은 사람을 찾기 어려울 것이다. 자기 자신을 제외하고 다른 모든 사람들에게서 잘못과 실수를 찾아낼 수 있는 유다인 바리사이로서 바오로 사도는 나의 '독일식 독선주의'와 유사한 중독을 앓고 있었다. 게다가 바오로의 행동은 '분노 중독'과 '통제 중독'과도 유사했다. 바오로는 예수님에게 아무것도 원하지 않았다. 오히려 적극적으로 예수님을 박해하고(사도 9,4) 전혀 회개할 기미를 보이지 않았다.

그런데 예수님은 어떻게 하셨는가? 예수님은 바오로 사도를 사랑하고 치유해 주셨다. '친애하는 조지 아저씨'와 매우 흡사한 바오로 사도의 하느님 이미지, 곧 벌하는 바리사이식 하느님 이미지가 사랑의 하느님 이미지로 바뀌었다. 바오로 사도의 하느님 이미지가 바뀌는 순간 바오로 사도도 바뀌었다. 그는 하느님께서 자신과 같은 보복적 독선주의와 폭력과 살인 등에 중독되어 있지 않다는 것을 깨닫고 자신도 그러한 중독에서 벗어나 회복되기 시작했다. 그렇다면 이러한 치유를 위해서 바오로 사도가 한 것이 있는가? 전혀 없다. 하느님께서는 바오로 사도에게 어떤 전제 조건도 요구하지 않으셨다. 회개하기 전에 회개를 위해서 해야 할 것이 전혀 없었다.

바오로 사도의 일화와 신약 성경의 다른 이야기들에서 우리가 듣는 기쁜 소식은 '하느님께서 회개하는 죄인을 사랑하신다.'가 아니다. 근본적인 기쁜 소식은 바로 '하느님은 회개하지 않은 죄인을 사랑하시고 치유해 주신다.'이다.

물론 회개하는 것이 중요하지 않다거나 의미가 없다

는 뜻이 아니다. 이것은 우리가 먼저 회개해야 하느님께서 우리를 사랑하시는 것이 아니라는 뜻이다. 오히려 정반대이다. 바오로 사도가 아직 회개도 하지 않았을 때 하느님께서 그를 사랑하고 치유해 주셨기 때문에 비로소 그는 회개할 수 있었다. 우리를 회개로 이끄는 동기는 단 한 가지다. 그것은 우리가 회개하지 않았을 때 하느님께서 먼저 우리를 사랑하고 치유하셨다는 사실이다(1요한 4,19). 따라서 회개는 하느님의 사랑과 용서를 얻기 위해서 필요한 것이 아니라, 바오로 사도의 경우처럼 하느님께서 이미 시작하신 치유를 우리 자신의 삶에 완전히 동화시키고 기쁜 마음으로 그 치유의 삶을 누리기 위해서 필요한 것이다.

예수님은 바오로 사도를 심판하신 다음 그가 그리스도인들을 어떻게 박해했는지, 그의 모든 악행에 대해서 말씀하신다(사도 9,4). 그러나 그를 비난하지 않으시고 그의 삶에서 정당성 또는 합리성이 어떤 의미였는지를 이해해 주신다. 변호인으로서 예수님은 바오로 사도의 내적 선함을 꿰뚫어 보실 수 있었다. 예수님께서 변호인으로서 우리를 심판하시지만 우리가 조건 없이 사랑받고 있다는 것을 느낄 수 있는 방식으로 하시기 때문에 그때마다 치유가 일어난다.

십자가 위에서 예수님의 마지막 말씀은 검사가 아니라 변호사로서의 최종 변론이다. 십자가는 두 가지 심오한 현실을 보여 준다. 하나는 사랑이 없는 행동이 초래하는 파괴의 깊이이고, 다른 하나는 하느님의 응답에서 드러나는 그보다 훨씬 더 위대한 사랑의 깊이이다. 변호인으로서 예수님은 깊은 연민으로 회개하지 않는 살인자들에게 마지막까지 아버지의 용서를 빌어 준다. "아버지, 저들을 용서해 주십시오. 저들은 자기들이 무슨 일을 하는지 모릅니다."(루카 23,34)

회개하지 않은 죄인인 나는 먼저 사랑받고 용서받음으로써 치유되었다

 나는 자주 바오로 사도처럼 회개하지 않은 죄인 상태로 사랑을 받곤 하는데 이것은 나에게 치유와 삶의 변화를 가져온다. 예를 들어, 우리는 여러 해 전에 미국 국경 수비대와 맞닥뜨린 적이 있었는데 그때 나의 독일식 독선주의가 제대로 튀어나왔다. 그때 우리는 캘리포니아에 있었는데 그곳은 멕시코 국경에서 1.6킬로미터쯤 떨어진 곳이었다. 내가 쉴라와 함께 정원에서 글을 쓰고 있었을 때 국경 수비대가 해변에서 다섯 명의 멕시코 사람들을 잡는 것을 보았다. 우리는 어떻게든 그 멕시코 사람들을 돕고 싶어서 집 안으로 들어가 시리얼 바를 충분히 가지고 나와 그들에게 다가갔다. 우리가 가까이 갔을 때 다섯 명의 멕시코 사람들은 머리 위로 손을 올리고 몸수색을 당하고 있었다. 우리는 이 일이 있기 얼마 전에 멕시코에 갔었고 거기서 일자리가 없어서 배고픈 가족을 제대로 부양할 수 없는 사람들이 너무나 많은 것을 보고 압도된 상태였다. 우리는 왜 이 사람들이 국경을 넘었는지 이해했지만 국경 수비 대원들은 그들이 누구인지, 왜 도망쳤는지 등은 물어보지도 않고 그들을 비인간적으로 대했다. 국경 수비 대원들에게 매우 화가 난 나는 그들이 나에게 여러 차례 친절하게 말을 건넸음에도 불구하고 그들을 차갑게 대했다. 나는 멕시코 사람들에게 시리얼 바를 나누어 주고 수비 대원들이 그들을 비인간적으로 대하는 것에 대하여 대신 사과했다.

집에 돌아왔을 때 마태오가 점심 식사로 키슈를 만들고 있었다. 나는 마태오에게 무슨 일이 있었는지 이야기하면서 왜 우리와 함께 가지 않았는지 물었다. 그는 이렇게 말했다. "시리얼 바를 가지러 들어왔을 때 너는 국경 수비 대원들에게 너무 적대적이었어. 나는 그런 너와는 어디에도 같이 가지 않을 거야." 마태오가 한 말은 사실이었다. 국경 수비 대원들이 국경을 넘다 붙잡힌 사람들을 비인간적으로 대하는 것에 화가 나는 것은 당연했지만 화가 나서 나도 수비 대원들을 똑같이 적대적이고 비인간적으로 대한 것은 잘못이었다. 나에게 친절하게 말을 걸 때조차 그들을 차갑게 대함으로써 나는 멕시코 사람들에 대한 그들의 태도에 영향을 끼칠 수 있는 기회를 놓친 것이다. 우리는 다시 한 번 시리얼 바를 가지고 나갔다. 이번에는 국경 수비 대원들에게 가서 그들을 비인간적으로 대한 것에 대해 사과했다. 함께 시리얼 바를 먹으면서 그들은 자신들도 일자리 없는 이 멕시코 사람들을 잡아들이는 것이 많이 마음이 불편하지만 가족을 부양하기 위해서는 수비대라는 직업이 필요하다고 말했다. 내가 그들을 비인간적으로 대한 것에 대한 용서를 청하자 그들도 마음을 열고 멕시코 사람들을 좀 더 인간적으로 대하자는 우리의 제안을 받아들여 주었다.

국경 수비대에 대한 나의 태도가 비인간적이었다는 마태오의 판단이 옳음을 인정할 수 있었던 것은 그가 우리를 위해서 굽고 있던 키슈의 맛있는 냄새를 맡으면서 어떠한 일이 있어도 나를 내치지 않는 마태오의 사랑을 느낄 수 있었기 때문이다. 마태오의 판단이 옳다는 것을 인정할 수 있었던 또 하나의 이유는 마태오도 멕시코에 함께 갔었기 때문이다. 그러므로 마치 변호사처럼 마태오는 내가 느낀 분노에 '정당성' 내지 '합리성'이 있다는 것을 알고 있었다. 나를 가득 채운 마태오의 사랑은 그가 나의 행동이 잘못되었다고 말할 때조차도 나를 치유하고 나에게 회개할 힘을 주었다. 이 체험은 수비 대원들에게 용서를 청하고 나도 그들에게 내가 경험한 것과 같은 사랑을 전달하고 싶다는 갈망을 갖게 해 주었다. 이와 같이 마태오의 사랑은 예수님의 사도 바오로에 대한 사랑처럼 내가 먼저 회개해야 한다는 전제 조건이 없었다. 마태오의 사랑은 나를 치유시켜 회개하게 해 주었고, 나아가 이전에는 몰랐던 국경 수비 대원에 대한 비인간적인 태도와 같은 나의 파괴적인 행동 방식을 알아차리게 했다.

하느님께서 지옥으로 보내는 사람이 있을까?

가톨릭을 비롯한 다른 많은 그리스도교의 전통적 가

르침에 따르면 내세에 대한 믿음은 다음 두 가지로 나뉜다. 하나는 천국이 존재하며 사람들이 그곳에 살고 있다는 믿음이다. 여기서 '천국'은 지리적인 특정 장소로서 '저 위에 있는 곳'이 아니라 사랑으로 하느님과 일치된 어떤 상태를 의미한다. 우리 모두에게는 조부모, 부모, 친구들처럼 천국에 갔을 것이라고 확신할 수 있는 사랑하는 사람들이 있다. 다른 하나는 지옥이 존재할 수 있다는 믿음이다. 그러나 우리는 누가 지옥에 있는지 모른다. 여기서 '지옥'이란 완벽하게 단절된 상태를 의미한다. 누군가가 지옥에 있다면 그것은 하느님께서 보내셨기 때문이 아니라 그 사람이 선택했기 때문이다. 루이스C. S. Lewis는 지옥을 안에서, 우리 편에서 잠그는 문이 있는 방으로 묘사했다. 그러나 신학자 리처드 맥브라이언Richard McBrien이 설명한 것처럼 "예수님도, 예수님의 뒤를 잇는 교회도 사람들이 지옥으로 갔다고, 혹은 지금 실제로 지옥에 사람들이 있다고 선언한 적이 없다." 우리가 아는 한 가지 사실은, 우리가 심판해서는 안 되며, 우리 모두 하느님을 향해 마음을 열도록 기도해야 한다는 것이다.

  모든 사람이 하느님께 마음을 열게 될 것이라는 희망을 가질 수 있는가? 죽으면 무슨 일이 일어나는가? 그리스도인들의 하느님은 마음을 여는 전문가이시다. 예를 들면, 우리는 하느님께서 어떻게 예수님을 통해 단 3년 동안 수천 번의 기적을 행하셨는지 성경을 통해 알고 있다. 그런데 그중 많은 기적들이 바오로 사도처럼 예수님과 아무런 관계가 없기를 원했던 마음이 굳은 사람들에게서 일어났다. 내세에서 우리는 이러한 주도적인 하느님의 치유와 사랑을 단 3년만이 아니라 영원히 차지하게 될 것이다. 우리가 바오로 사도와 같은 굳은 마음으로 죽는다면 하느님께서는 우리를 사랑하고 치유하시는 것을 절대 포기하지 않으시고 영원히 노력하실 것이다. 이렇게 확신할 수 있는 것은 하느님의 본질은 사랑이며(1요한 4,16) 사랑이 우리를 치유한다는 것을 알고 있기 때문이다. 그러므로 하느님께는 우리를 영원히 사랑하고 치유하시는 것 외에 다른 선택권이 없다(1코린 13장). 복음서의 핵심 메시지는 모든 사람을 구하시려는 하느님의 주도적인 치유에 대한 희망이다.

·····

"나는 땅에서 들어 올려지면 모든 사람을 나에게 이끌어 들일 것이다."(요한 12,32)

"아드님께서도 모든 것이 당신께 굴복할 때에는, 당신께 모든 것을 굴복시켜 주신 분께 굴복하실 것입니다. 그리하여 하느님께서는 모든 것 안에서 모든 것이 되실 것입니다."(1코린 15,28)

어쩌면 회개하지 않은 죄인으로서 사랑받고 치유받은 개인적인 경험 때문에 바오로 사도는 다른 성경 저자들과 마찬가지로 궁극적으로는 하느님의 주도적 치유를 통해서 우리 모두는 집으로 돌아오게 될 것이라는 희망을 이야기했는지도 모른다(1코린 15,28; 로마 5,12-21; 11,30-32; 1코린 15,22; 에페 1,10; 1티모 2,3-6; 4,10; 필리 2,10-11; 콜로 1,19-20; 1테살 5,9; 티토 2,11; 히브 2,9; 요한 1,9.29; 3,17; 12,47ㄴ; 1

요한 2,2; 묵시 5,13).

하지만 사람들은 "우리에게 영원성이란 없다. 우리는 죽음의 순간에 자유롭게 최종적인 결정, 영원히 지속될 천국이나 지옥을 선택할 뿐이다."라고 말할 수도 있다. 죽어 본 사람이 아무도 없기 때문에 확실히 아는 사람은 아무도 없다. 하지만 일단 그들이 말하는 것이 사실이라고 가정해 보자. 그렇다면 이는 우리가 죽음의 순간에도 영원히 계속되는 하느님의 주도적 치유를 경험한다는 것을 의미한다. 그렇지 않고서야 우리가 경험하지도 않은 것을 자유롭게 최종적으로 거절할 수 없기 때문이다. 결국 희망은 우리가 살아온 삶에 있는 것이 아니라 우리를 사랑하고 치유하기 위해서 무던히 애쓰시는 하느님의 영원한 치유 프로젝트에 있는 것이다.

지옥의 고통을 어떻게 이해해야 하는가?

하느님께서 그토록 우리를 사랑하고 치유하기 위해 영원토록 애를 쓰는 분이시라면 우리가 고통을 받고 있는 바로 지금 어디에 계신다는 것일까? 하느님께서 지옥과 같은 이 세상에서 고통을 겪고 있는 우리를 버리신다면 내세에 우리를 지옥에 버려두지 않으시리라고 어떻게 믿을 수 있겠는가? 강제 노동 수용소, 자연재해, 전쟁, 끔찍한 사고 등이 일어났을 때 하느님은 어디에 계셨는가? 건강, 집, 가족을 다 잃은 욥은 하느님께서 고통을 통하여 무엇을 하시는지 우리는 알 길이 없는 신비라고 결론지었다(욥 42,1-6). 그러나 나치가 대량 학살의 지옥 속에서 무고한 어린아이를 교수형에 처하는 것을 목격한 엘리 위젤Elie Wiesel은 다른 결론에 도달했다.

……

 수용소 전체가 쥐 죽은 듯이 고요했다. 지평선 너머로 해가 지고 있었다. 수용소 소장이 "탈모!"라고 소리쳤다. 그의 목소리는 거칠었고 우리는 울고 있었다. "착모!" 그가 다시 소리 질렀다.

 그리고 분열식이 시작되었다. 어른 두 명은 이미 숨을 거두었다. 푸른빛을 띤 혀가 부풀어 오른 채 축 늘어져 있었다. 그런데 세 번째 밧줄은 여전히 흔들리고 있었다. 아이는 너무 가벼워서 여전히 죽지 않고 살아 있었다.

 아이는 서서히 죽어 가는 고통 속에서 죽음과 삶을 오가며 그렇게 30분 이상 매달려 있었다. 우리는 눈앞에서 죽어 가는 아이의 얼굴을 정면에서 바라보아야 했다. 내가 그 앞을 지나갈 때 아이는 여전히 살아 있었다. 그의 혀는 여전히 붉었고 그의 눈에는 여전히 생명의 빛이 남아 있었다. 내 뒤에서 한 남자가, 아니 온 인류가 질문을 던졌다. "지금 이 순간 하느님은 어디에 계시는 걸까?"

 나는 내 안에서 그 질문에 대답하는 목소리를 들었다. '하느님이 어디에 계시냐고? 바로 여기에 계시다. 하느님은 바

로 저 교수대에 매달려 계시다.'

우리를 찾아 지옥까지 내려오시는 예수님

엘리 위젤의 눈앞에서 무고한 어린아이를 교수형에 처한 히틀러나 나치와 같은 사람들은 마음의 문을 안에서 걸어 잠그고 지옥을 택하는 것으로 보인다. 이런 경우에 하느님께서 하실 수 있는 일이 있을까? 우리가 지옥에 있다면 하느님께서는 우리를 찾아 지옥까지 내려오셔서 우리를 치유하신다. 예수님께서 지옥을 방문하시는 장면(1베드 3,19)에 대한 일반적인 이해는, 그곳에 구원을 기다리는 의로운 영혼들이 있고 예수님께서는 바로 그들에게 기쁜 소식을 전하기 위해서 지옥으로 내려가시는 것이다. 그러나 새 예루살렘 성경 New Jerusalem Bible에 따르면 이러한 이해는 에녹서에서 언급하듯이 예수님께서 사슬에 묶인 악마에게도 가셨고 노아의 시대에 '믿으려고 하지 않았기' 때문에 홍수의 벌을 받은 사람들에게도 가셨다는 사실을 간과한 것이다.

신학자 한스 우르스 폰 발타살은 우리가 성토요일마다 기념하는 '예수님의 지옥에 내려가심'은 예수님께서 죄인들과 얼마나 완전한 유대 관계를 가지셨는지 잘 보여 준다고 역설한다. 하느님께서 죄인들을 무한한 자비로 얼마만큼 사랑하시는지는 십자가 위에서 죄인으로 죽기까지 죄인들과 완전히 하나가 되시는 예수님에게서 잘 드러난다. 하느님께 버림받은 것처럼 예수님은 "나의 하느님, 나의 하느님, 어찌하여 저를 버리시나이까?"라고 외치신다. 이 순간 예수님은 다른 어떤 사람이 경험할 수 있는 것보다 훨씬 더 큰 고통으로 하느님의 부재라는 '지옥'을 경험하신다.

그리고 성토요일에 예수님은 또 다른 방식으로, 즉 지옥으로 내려가심으로써 죄인들과 함께하신다. 지옥을 하느님께 마음의 문을 완전히 닫기로 선택하는 것이라고 정의한다면 지옥은 하느님께서 들어가실 수 없는 유일무이한 곳이어야 할 것이다. 그런데 예수님은 바로 그곳을 방문하심으로써 그 선택을 인정하지 않으시고 또한 우리가 우리 스스로 최악이 되는 것을 절대로 허용하시지 않는 하느님의 의지를 드러내신다. 폰 발타살은 다음과 같이 말한다.

……

바로 그러한 방식으로 그분은 죄인들이 원하는 완전한 고독을 방해한다. 하느님께로부터 '철저하게 저주를 받아' 멀리 떨어져 있기를 원하는 죄인들은 결국 자신의 고독 안에서 하느님을, 사랑이라는 절대 약점을 지니신 하느님을, 그들 자신을 저주하는 사람들과도 어떠한 제한 없이 유대 관계를 맺으시는 하느님을 알아보게 된다. "제가… 저승에 잠자리를 펴도 거기에 또한 계십니다."(시편 139,8)라는 말씀은 완전히 새로운 의미를 지니게 된다.

사랑하는 친구나 가족은 자살할 위험에 있는 사람을 최악의 상태에 내버려 두지 않는다. 그 사람이 스스로 목숨을 버리지 않도록 그가 경험하고 있는 지옥 같은 상황에 함께하기 위하여 가능한 모든 일을 할 것이다. 마찬가지로, 예수님께서 지옥까지 내려가시는 것은 우리가 파괴적인 선택을 하도록 버려두지 않으시겠다는 뜻이다. 성토요일 예수님의 사명은, 필요하다면 우리의 지옥까지 내려와, 우리가 부활절에 당신과 함께 부활할 수 있을 만큼 당신의 치유적인 현존을 통하여 충분히 새로워질 때까지 우리와 함께 계심으로써 당신과 우리의 유대 관계를 보여 주시는 것임을 선포한다.

그렇다면 자유 의지의 의미는 무엇인가?

그렇다면 하느님을 거부한 사람들을 치유하기 위해 지옥으로 내려가신 예수님은 그들의 자유 의지를 침해하시는 것인가? 아니면 오히려 지옥에 내려가서 그들을 사랑하고 치유하심으로써 그들의 자유 의지를 회복시키시는 것인가? 자유 의지는 보통 하느님께 '예' 또는 '아니요'를 할 수 있는 능력이라고 정의해 왔다. 하지만 칼 라너를 비롯한 여러 신학자들에 의하면 자유 의지는 '하느님께서 선택하시는 것을 인간이 선택하는 능력'을 의미한다. 그러므로 역설적이지만 하느님처럼 진정으로 자유로운 사람은 선만을 선택할 수 있다. 하느님께 '아니요'라고 말하는 것은 그 사람에게 자유 의지가 있다는 것을 보여 주는 것이 아니라 그 사람이 자유로워지려면 치유가 필요하다는 것을 보여 주는 것이다. 사람이 치유되고 진정으로 자유로워지면 예수님과 같이 하느님께 '예'라고 응답할 수밖에 없다. 그러므로 존 작스는 라너의 견해를 다음과 같이 정리한다.

······

 (중략) 인간의 자유는 하느님과 하느님 외의 다른 어떤 것 중 하나를 선택하는 능력이 아니라 하느님을 선택하는 능력이다. 인간의 자유는 단 하나의 목적 즉 하느님만을 위하여 창조되었다. 따라서 궁극적으로 오로지 하느님만이 인간을 '정의'할 수 있다. 그러므로 인간의 자유는 그것이 창조된 특별한 목적을 달성할 때만 진정으로 완성되는 것이라고 할 수 있다.

하느님의 씨앗

마이스터 에크하르트Meister Eckhart는 하느님의 씨앗을 다음과 같이 표현했다.

·····

하느님의 씨앗은 우리 안에 있다. 이제 배나무의 씨앗은 자라서 배나무가 되고 개암나무 씨앗은 자라서 개암나무가 되고 하느님의 씨앗은 자라서 하느님이 된다.

"하느님은 아버지이시다. 그리고 나아가 하느님은 어머니이시다."(교황 요한 바오로 1세)

나(데니스)는 가끔 나의 하느님 이미지를 아동 학대범에서 아이를 사랑하는 사람으로 바꾸는 것에 저항했다. 처음에는 그 이유가 나의 신학적 견해를 바꾸는 것과 관련이 있기 때문이라고 여겼다. 하지만 내가 저항하는 진짜 이유는 하느님 이미지를 바꾸는 것이 나의 전인격을 바꾸는 것과 관련이 있기 때문이라는 것을 깨달았다.

첫째, 성경을 문자 그대로만 알아듣는 것을 멈추고 성경 속 이미지와 상징을 잘 이해하기 위해서는 주로 사고력을 줄이고 상대적으로 덜 발달한 정서적 측면에 의존할 필요가 있었다. 둘째, 하느님께서 회개하지 않은 죄인을 어떻게 사랑하셨는지 이해하고 은총은 노력해서 얻어지는 것이 아니라 공짜로 주어지는 선물이라는 것을 이해하기 위해서, 전에는 항상 다른 사람에게 강박적으로 무엇인가를 해 주어야만 마음이 편했지만 다른 사람에게 받는 것에 더 편해지는 법을 배워야 했다. 간단히 말해, 나는 내 안에 깊이 새겨진 왜곡된 남성적 가치 체계와 나에게는 새로운 여성적 가치 체계를 통합할 필요가 있었다.

나는 남성적으로 편중된 성향을 가지고 성장했다. 내가 잘하고 익숙한 것은 효율성, 외부 세상에서의 성취, 경쟁, 처한 환경의 지배와 같은 것들이다. 나는 세상의 권위 있는 기관이나 사람들이 모든 답을 가지고 있다고 믿었고 천국과 지옥은 '외부에' 있다고 믿었다. 다른 많은 남자들처럼 외부 세상에 관심이 많았고, 상황을 있는 그대로 받아들이고 돌보는 일, 상호 관계, 자신의 감정, 몸이 말해 주는 지혜 등과 같은 여성적 가치에는 익숙하지 않았다. 나는 진실이 마음에도 있다는 것, 천국과 지옥이 내적 의미를 가지고 있다는 것을 알지 못했으며 이 내적 의미를 통해서 내가 하느님, 나 자신, 다른 사람들, 전 우주와 연결되어 있는지 아닌지 알 수 있다는 것도 알지 못했다. 또한 나는 나에게 내면이라는 여성적 차원이 존재한다는 것을 알지 못했다.

좀 더 균형 잡힌 사람이 되기 위해서 나는 여성적인 면에서 성장할 필요가 있었고 그러기 위해서는 하느님 어머니에 관하여 이해할 필요가 있었다. 하느님과 관련된 언어는 모두 은유적이므로 하느님은 실제로 우리가 부르는 호칭이 의미하는 아버지는 아니시다. 하느님께서 아버지 같은 분이시라면 어머니 같은 분이시기도 하다. 남성이든 여성이든, 자비로운 어머니든 아버지든 똑같이 하느님 이미지를 반영한다(창세 1,27). 그런데 이

것이 왜 중요한가?

이는 우리가 부모를 닮아 가는 것처럼 우리가 공경하는 하느님을 닮게 되기 때문이다. 어머니를 전혀 모르고 아버지에 의해서만 양육된다면 우리의 여성적인 면은 잘 발달하지 못할 것이다. 이와 같이 우리가 하느님 어머니는 모르고 하느님 아버지만 안다면 우리의 여성적인 면은 제대로 발달하지 못할 것이고 따라서 우리의 정서적·영적 삶은 나처럼 남성적으로 편중된 성향을 갖게 될 것이다.

그러나 나는 쉴라와 힐다와 같은 여성들을 통해서 하느님의 여성적인 면을 알게 되었고 그에 따라 변화하고 있다. 회개하지 않는 아들을 받아들이는 힐다에게서 나는 성 요한 바오로 2세의 '자비' 또는 하느님의 모성에서 비롯된 '자비로운 연민'이라고 표현한 하느님의 모습을 보았다. 자비rahamim라는 단어의 어근은 히브리어 명사 'rehem'으로 "자궁"을 의미한다. 이러한 하느님의 사랑, 모성적 자비는 이사야서에 잘 나타나 있다. "여인이 제 젖먹이를 잊을 수 있느냐? 제 몸에서 난 아기를 가

없이 여기지 않을 수 있느냐? 설령 여인들은 잊는다 하더라도 나는 너를 잊지 않는다."(49,15) 이러한 자비로운 사랑은 직감적인 에너지이다. 이는 머리를 통해 걸러지지 않은 에너지로, 우리의 결정이나 장점 등과는 관계가 없다. 힐다의 경우에서처럼 자비로운 사랑은 진정한 어머니는 '못된 자녀를 사랑할 수밖에 없다.'는 내적 필연성의 결과이다. 다시 말해서 하느님은 어떤 아버지보다도 더 아버지다운 것처럼 어떤 어머니보다도 더 어머니답다.

힐다는 자신의 가장 깊은 마음의 움직임이 바로 자녀를 위한 '자비로운 사랑'이고 이것이 바로 하느님 사랑의 속성이기도 하다는 것을 깨달았으며 아들을 품에 안고자 하는 자신의 갈망이 바로 하느님의 갈망이기도 하다는 것을 깨달았다. 이렇게 힐다는 나에게 하느님의 여성성에 대하여 알려 주었고 어떻게 하느님을 여성적인 방식으로 이해할 수 있는지 가르쳐 주었다. 외부 세상을 중요하게 여기는 나의 남성성은 하느님을 이해하는 방식에도 영향을 끼쳤다. 나의 하느님은 거의 언제

나 '저기 바깥에' 계시는 초월적인 분이셨다. 하느님은 내가 자라면서 부른 성가에 등장하는 '왕', '주님'이셨고 모든 것과 모든 사람 위에 영원히 군림하시는 절대자셨다. 이러한 하느님은 항상 나를 앞서가시면서 내가 변화하고 성장하기를 촉구하셨다. 이와 반대로 자기 마음의 움직임을 알고 이해하는 힐다는 나에게 내재하시는 하느님, 나의 마음 가장 깊은 곳에서 살아 움직이시는 하느님을 보여 주었다. 이 하느님은 나를 사랑하시기 위해 나를 교정하거나 변화시킬 필요 없이 나를 있는 그대로 사랑하신다. 여성성과 균형을 이루지 못한 나의 남성성은 진정한 남성성이 지니는 아름다움과 강함을 드러내지 못하고 남성성의 부분적인 특성들만을 과장해서 보여 주게 된다.

하느님의 남성성과 여성성을 둘 다 수용하지 못하면 나의 존재는 자연스럽게 남성성으로만 형성되고 굳어지게 된다. 이런 고착 증세는 '하느님은 틀림없이 힐다의 아들을 지옥으로 보내실 것이다.'라는 사고방식에서 드러난다. 승자와 패자가 분명하게 존재하는 지배와 통제, 그리고 경쟁에 대하여 지나치게 많은 중요성을 부여하는 것은 나의 남성성이며, 이러한 남성적 사고방식으로 하느님을 남성으로 이해하기 때문에 하느님께도 같은 중요성을 부여하게 된다.

우리의 하느님이 완전히 남성적인 하느님이시라면 우리가 속한 문화와 교회도 나와 같은 경험을 하게 될 것이다. 우리의 문화와 교회도 '지배'와 '경쟁'이라는 가치를 추구할 것이고 그러한 문화와 교회는 여성을 폄하할 것이며 우리의 여성성은 발달할 기회를 얻지 못할 것이다. 또한 자신과 타인의 내적 세계를 신뢰하거나 소중히 여기지도 못할 것이다. 우리가 속한 남성적 문화가 알려 주는 대로 지배와 통제가 좋은 것이라고 믿는 한, 우리는 여성성이 파고들 여지가 없는 하느님의 남성적 이미지만을 계속해서 보강하고 강화하게 될 것이다.

하느님 이미지의 변화가
그토록 중요한 이유는 무엇인가?

하느님 이미지를 치유하는 것이 중요한 이유는 무엇인가? 우리가 가게 될 사후의 세상이 어떤 곳인지를 아는 것은 그다지 중요하지 않다. 그보다 우리는 자신이 흠숭하는 하느님을 닮아 가기 때문에 우리에게는 자신의 하느님 이미지를 치유하는 것이 더 중요하다. 여러 학문적 연구는 우리 삶의 다양한 영역을 통해서 입증한다. 예를 들어 결혼 생활을 하는 부부가 하느님을 연인으로 경험하면 할수록 더 사랑스럽고 건강한 결혼 생활을 누리는 경향이 있다. 앤드류 그릴리Andrew Greeley는 이러한 건강함은 성적 만족을 포함하여 전반적인 결혼 생활에 영향을 준다는 것을 발견했다. 뿐만 아니라 수도 생활이라는 독신 생활을 택한 사람들 가운데 배려심이 가장 많은 사람과 가장 적은 사람에 대한 데이비드 니그렌David Nigren과 미리암 유케리티스Miriam Ukeritis의 연구에서도 가장 배려심이 많은 사람은 그렇지 않은 사람보다 네 배 더 하느님을 배려심이 많은 치유자로 경험하고 있음이 드러났다. 앤드류 그릴리는 또한 하느님을 연인으로 경험하는 사람일수록 사회 정의에 더 민감하다는 것을 발견했다.

앞에서 언급한 것처럼 세계 평화뿐 아니라 사회 정의에 관련된 모든 이슈는 우리가 가진 하느님 이미지의 영향을 받는다. 예를 들면 최근에 가톨릭교회의 주교들은 경제에 대한 사목 서한을 발표했다. 이 서한은 부나 재산이 우리가 하는 일의 성과가 아니라 우리가 필요로 하는 것에 근거해서 분배되어야 한다고 말하고 있다. 그런데 우리 하느님께서 보복을 위한 처벌을 하는 분이시라면, 즉 우리가 거둔 성과에 따라 어떤 외적 보상이나 처벌을 받아야 하는지 정확하게 계산하는 분이시라면 우리는 어떤 선택을 할까? 이런 경우에 우리는 아마도 성과를 기준으로 하는 경제 제도를 선택할 것이다. 우리는 우리보다 적게 가진 사람들에게 "당신이 어찌되든 내가 상관할 바 아니야. 나는 이것을 받을 자격이 있어."라고 쉽게 내뱉을 것이다. 하지만 하느님께서 회개하지 않은 죄인에게도, 그리고 한 시간밖에 일하지 않은 사람에게도 단지 그들이 필요로 한다는 이유에서 무상으로 선물을 주시는 관대한 연인이시라면(마태 20,1-16) 우리는 성과보다는 필요를 근거로 한 경제 제도를 선택할 가능성이 높다.

이와 마찬가지로, 하느님께서 사람들을 어떠한 재고의 여지도 없이 영원히 포기하고 그들에게 지옥이라는 사형 선고를 내리는 분이시라고 믿는다면 우리 역시 누군가를 영원히 포기하고 그들에게 사형 선고를 내릴 것이다. 하지만 우리에게 하느님은 포기하지 않는 분이시라면 우리도 우리에게 위협이 되는 사람들을 영원히 포기하라고 부추기는 사형이나 다른 처벌들에 관하여 의문을 가지게 될 것이다.

평화와 연민에 반대하는 폭력과 보복, 공유에 반대하는 돈을 모으는 것과 같은 우리 사회의 중독이 무엇이든, 우리는 보통 우리가 흠숭하는 하느님에게 속한 중독을 모방한다.

중독과 같은 부정적인 행동의 원인은 지옥에 대한 두려움인가?

 우리의 중독이 일이든 돈이든 또는 담배든 술이든 또는 데니스의 독일식 독선주의든, 우리는 그 자신이 알코올 중독자였으며 익명의 알코올 중독자 모임의 창시자인 빌 윌슨Bill Wilson이 첫 번째 술잔을 들이켰던 이유와 같은 이유로, 즉 소속감의 부재라는 고통에서 벗어나기 위해서 중독이라는 덫에 갇히게 된다. 사회적으로 잘 적응하지 못하던 빌 윌슨은 첫 번째 잔을 들이키기 전에 소속감이 없다는 고통이 어떤 것인지 잘 알고 있었다. 그런데 처음으로 술을 마셨을 때 모든 것이 달라지는 체험을 하였다. 빌은 파티의 주인공이 되었다. 그는 "그때 처음으로 소속감을 느꼈다."고 말했다. 그리고 그 첫 술잔이 가져다준 소속감을 다시 느끼기 위해서 그 후 17년 동안이나 강박적 음주는 지속되었다. 서른아홉 살이 되던 해에 마침내 만성 알코올 중독으로 시설에 수용될 지경이 되어서야 그는 하느님께 큰소리로 도움을 청하였다. 빌은 갑자기 그의 방이 빛으로 가득 차고 '마치 생명력이 흘러넘치는 진실의 바다와 같은' 어떤 현존을 느꼈다. 빌은 그가 첫 번째 술잔을 비운 후에 했던 표현과 거의 같은 표현으로 이 경험을 묘사했다. "처음으로 내가 진정으로 소속되었다는 느낌을 받았다." 이후 빌은 다시는 술을 입에 대지 않았다. 빌이 술을 마시기 시작한 이유는 소속감을 느끼기 위해서였고 그 당시 그가 아는 최선의 방법은 술을 마시는 것이었다. 이제 사랑이신 하느님을 체험하는 회심의 경험을 통하여 소속감을 느낄 수 있었고 이렇게 더 좋은 방법을 발견했을 때 마침내 빌은 술을 끊을 수 있었다. 우리는 모든 중독의 근본에 소속감의 부재가 자리 잡고 있다고 믿는다. 모든 중독과 강박적인 부정적 행위의 시작에는 자기 자신과 타인과 하느님과 우주에 속하고 싶다는 소속감에 대한 갈망이 있다. 이 갈망을 해결하기 위하여 선택한 부정적 행위들은 그때 우리가 알고 있던 최선의 방법인 것이다. 그러므로 중독에서 헤어나는 방법은 소속감을 얻기 위한 더 나은 방법을 발견하는 것이다.

 만약 우리의 하느님께서 우리를 지옥에 보내는 분이시고 누가 당신에게 속하지 않는지 앙심을 품고 결정하는 분이시라면 우리가 중독자가 될 확률은 더 높아진다. 치료 기관들은 이 중독의 순환성을 눈여겨보았다. 자신이 운영하는 회복 기관에서 2만여 명을 치료한 로버트 스터키Robert Stuckey 박사는 무서운 하느님 이미지, 처벌적인 하느님 이미지를 가진 중독자들의 경우에 회복률이 현저히 낮다는 것을 발견했다. 그는 치료 중인 중독자들 가운데 '매우 엄격한 하느님 이미지를 가진 환자들은 전혀 종교적인 교육을 받아 본 적이 없는 환자들보다 더 힘든 시간을 보낸다.'고 결론지었다. 빌 윌슨은 회복하는 동안 대부분의 경우에 여러 번에 걸친 하느님 이미지의 변화를 어떻게 경험하는지 들려주었다. 그러나 그는 우리가 진정으로 '소속되어 있는' 하느님을 발견하기만 하면 '지금 그리고 영원히 모든 문제가 사라질 것'이라고 결론지었다.

벌은 절대로 치유할 수 없고 사랑만이 치유한다

하느님을 사랑과 자비의 하느님으로 얼마나 인식하느냐에 따라 치유가 영향을 받는다고 이야기할 때 우리가 가장 많이 받는 질문은 "하느님이 정말 사랑이시고 자비로우신 분이시라면 왜 구태여 착하게 살아야 하는가?"이다. 나(데니스)는 이 질문의 의미를 잘 안다. 나는 앙갚음하고 벌하시는 하느님이 두려워서 좋은 일을 많이 했기 때문이다. 예를 들어, 나는 마태오 복음 25장의 양과 염소에 관한 이야기를 읽었다. 이 이야기를 문자 그대로 이해한 나는 양은 천국으로 염소는 지옥으로 가기 때문에 나는 반드시 양이 되어야 한다고 생각했다. 그래서 두려움 때문에 착한 양이 되어 병자들을 방문하고 굶주린 사람들을 돌보는 것과 같은 좋은 일을 많이 했다. 그러나 하느님 이미지가 변하면서 나는 좋은 일을 훨씬 더 많이 했을 뿐 아니라 더 많은 사랑으로 그렇게 했다. 우리는 우리가 가장 두려워하는 사람을 위해서가 아니라 우리가 가장 사랑하는 사람을 위해서 가장 큰 사랑의 행위를 한다. 예를 들어 나는 다른 누구보다도 쉴라와 마태오를 위해서 가장 많은 것을 한다.

우리는 지옥이나 사랑의 상실에 대한 두려움으로 사람들이 다르게 행동하도록 위협할 수 있다. 사실 비상시에는 두려움을 이용하는 것이 필요하기도 하다. 예를 들어, 아버지가 알코올 중독자인 가족은 아버지의 행동에서 자신을 보호하기 위해서 아버지가 변화하지 않으면 온 가족이 그를 두고 떠날 것이라고 말할 수 있다. 이렇게 자신이 소속된 가족을 잃을 수도 있다는 두려움에 호소하여 알코올 중독자가 술을 끊게 만들 수도 있을 것이다. 그러나 이러한 알코올 중독자의 두려움이 점차 깊은 사랑과 소속감으로 대체되지 않으면 그 사람의 음주는 다른 중독 행위로 대체될 것이다. 두려움은 사람의 행동에 일시적인 변화를 가져올 수는 있다. 하지만 사랑과 소속감만이 그 사람의 궁극적인 변화를 가져올 수 있다.

나(쉴라)는 유다교 전통 안에서 성장했다. 그래서 '지옥에 대한 두려움'을 배울 기회가 없었다. 내가 속한 유다인 공동체에는 사람들을 위협해서 착하게 만든다는 사고방식 자체가 없었다. 우리는 사람은 불완전하고 상처 입은 존재이지만 본성은 착하다고 배웠다. 사람들이 좋지 않은 행동을 한다면 그것은 단지 그들이 상처받고 겁을 먹었기 때문이다. 우리는 이 겁먹은 사람들이 우리에게 필요로 하는 것은 더 큰 두려움이 아니라 더 큰 사랑과 배려라는 것을 알고 있다. 사랑스럽지 않은 행동은 좋지 않다. 하지만 그러한 행동을 영원히 치유하는 것은 두려움이 아니라 사랑이다. 빌 윌슨이 말하는 것처럼 "벌은 절대로 치유할 수 없다. 사랑만이 치유한다."

우리는 모두 착한 염소

몇 년 전 우리는 은퇴한 연로한 가톨릭교회 수녀들에게 이 책의 내용 중 일부를 이야기한 적이 있다. 한 수녀가 손을 들더니 질문을 했다. "성경에서는 바로 그 자리에서 양들은 천국으로, 염소들은 지옥으로 갑니다. 그러면 이 양과 염소의 이야기는 어떻게 되는 것인가요?"

데니스는 이에 대한 응답으로 거기 모인 모든 사람들에게 질문을 던졌다. "혹시 여기 모인 분 중에 살면서 단 한 번이라도 이 성경 본문의 시작 부분에서 예수님께서 요청하신 것을 행하여 굶주린 사람을 먹이고 벌거벗은 사람에게 옷을 입히고 감옥에 있는 사람을 방문하신 분이 계십니까?" 모든 수녀가 손을 들었다. 데니스는 "정말 훌륭합니다! 여러분은 모두 양이로군요."라고 말했다. 그리고 다음 질문을 던졌다. "여기 모이신 여러분 중에 살면서 단 한 번이라도 굶주린 사람을 그냥 지나치거나 벌거벗은 사람에게 옷을 입히지 못했거나 감옥에 있는 사람을 방문하지 않은 분이 계십니까?" 천천히 모든 수녀님의 손이 올라갔다. 데니스가 말했다. "이런, 너무들 하십니다. 여러분은 모두 염소로군요."

그러자 수녀들의 표정에 당혹감과 근심이 서렸다. 그때 갑자기 매우 나이가 들어 보이는 수녀가 손을 번쩍 들고 불쑥 내뱉었다. "아, 이해할 것 같아요! 우리는 모두 착한 염소로군요!"

그 수녀야말로 성경 말씀을 제대로 이해한 분이었다. 다시 말해 그 수녀는 천국과 지옥을 표현한 언어가 상징적인 언어라는 것을 깨달은 것이다. 천국과 지옥은 어떤 구체적이고 지리적인 장소를 의미하지 않는다. 천국과 지옥은 내적 실재에 대한, 존재의 상태에 대한 상징적 표현이다. 소외된 경험, 사랑받지 못한 경험, 수치심에 억눌렸던 경험이 있는 사람이면 누구나 그리고 중독의 덫에 무기력하게 사로잡혀 본 경험이 있는 사람이라면 누구나 지옥에 갇혀 있다는 것이 어떤 것인지 잘 안다. 또한 집에 돌아왔을 때 환영받은 경험, 다른 사람이 자신의 선함을 보아주고 인정해 준 경험, 사랑으로 관계의 회복을 경험해 본 사람이면 누구나 천국에 있다는 것이 어떤 것인지 잘 안다. 우리는 모두 내면에 밀과 가라지, 양과 염소를 둘 다 가지고 있다. 하느님의 나라는 우리 안에 있다. 우리는 모두 착한 염소이다.

하느님 이미지를 변화시키는 간단한 방법

하느님 이미지를 변화시키는 가장 쉬운 방법은 다음과 같다. 단 1분밖에 걸리지 않는다.

○ 마음으로 하느님의 사랑을 느낀다.
○ 그 사랑과 어울리는 미소를 머금는다.
○ 나를 사랑하는 사람에게 미소를 짓고 그 사람이 내게 미소로 응답할 자유를 준다.

우리를 사랑하는 사람의 미소를 받아들이는 것은 참으로 단순한 일이다. 그런데 이것이 살면서 경험할 수 있는 가장 큰 치유 중 하나일 수 있다. 우선 우리가 하느님께서 적어도 우리를 가장 많이 사랑하는 사람들만큼은 우리를 사랑하신다는 것을 알면, 우리를 향한 친구의 미소는 우리에게 치유의 경험이 될 것이다.

2부

질 문 과   응 답

피정 동반을 하면서 이 책에 쓴 이야기를 했을 때 피정자들이 그랬던 것처럼, 이 책을 읽으면서 여러 가지 의문이 들 수 있기에 그동안 우리가 가장 자주 받았던 질문들을 모아 보았다. 1부에서 사용한 제목과 같은 제목 아래 질문들을 정리하였다.

  이 책은 누구도 완전히 이해할 수 없는 위대한 신비에 관한 내용을 담고 있다. 그러므로 각 질문에 대하여 다양한 답이 있을 수 있다. 우리의 응답은 그것이 세상에 존재하는 유일무이한 정답이라고 주장하기 위한 것이 아니라, 그리스도교 가르침과 일치하는 하나의 답을 찾고자 하는 우리의 노력, 최선을 다하여 그런 답을 제시하고자 하는 노력의 결과이다. 우리는 이러한 시도를 통하여 이 질문들에 관해 숙고해 보기를 바라며, 어쩌면 우리와는 다른 답을 찾을 수도 있을 것이라고 생각한다.

성경의 보복성 벌을 어떻게 이해해야 하는가?

– 성경을 문자 그대로 읽어서는 안 된다고 하는데 그렇다면 성경을 이해하기 위해서는 신학자가 되어야 한다는 의미인가? 어떻게 성경 본문이 진정으로 의미하는 것이 무엇인지 알 수 있나?

우리 모두가 신학자가 될 필요는 없지만 우리가 사랑할 수 있도록 도와주었던 것(성경 해석)들에 대한 자신의 체험을 돌아보고 이해할 필요가 있다. 우리가 성경 본문(또는 파티마나 메주고리에서와 같은 사적 계시)을 제대로 이해하는지 알아보려면 우리의 해석이 어떤 열매를 맺었는지 살펴보면 된다. 가장 중요한 열매는 사랑이므로 우리는 "나를 사랑하는 사람이 나를 가장 사랑할 때 이런 방식으로 행동할까?"라고 자문해 볼 수 있다. 또한 진정한 그리스도교의 특성은 기쁜 소식이므로 우리는 "이것이 기쁜 소식인가?" 하고 자문해 볼 수 있다. 이 질문들에 대한 대답이 '그렇다'이면 아마도 우리는 성경 본문을 제대로 이해하고 있는 것이다. 만약 '그렇다'가 아니면 우리는 하나의 은유를 문자 그대로 받아들이는 실수를 범하고 있는 것일 수도 있다.

여러 세기 동안 그러한 질문들을 하지 못함으로써 성경을 문자 그대로 해석하는 일이 자주 있었다. 이것은 1442년 피렌체 공의회에서 보여 준 유다인에 대한 단죄, 갈릴레오의 투옥, 노예 제도에 대한 지지 등과 같은 많은 성경 해석상의 남용과 잘못된 결과를 낳았다. 종교 재판은 "내 안에 머무르지 않으면 잘린 가지처럼 밖에 던져져 말라 버린다. 그러면 사람들이 그런 가지들을 모아 불에 던져 태워 버린다."(요한 15,6)는 성경 말씀에 대한 자구적 이해에 근거를 둔다. 알렉산더 6세 교황의 경우도 이러한 예가 될 수 있다. 그는 "나는 하늘과 땅의 모든 권한을 받았다."(마태 28,18)는 말씀을 문자 그대로 해석하여 자신에게 적용함으로써 자신이 모든 인간에 대한 개인적 사법권을 가진다고 여겼다. 이에 따라 그는 세상을 반으로 나누어 각각 포르투갈과 스페인에게 주었다.

– 벌에 대한 성경 본문을 문자 그대로 받아들이지 않는 것은 나쁜 행동을 하는 사람이나 자녀가 절대로 벌을 받아서는 안 된다는 의미인가?

"우리를 사랑하는 사람들은 절대로 우리를 벌하지 않는다."고 말할 때 이것은 흔히 '보복성 벌'을 의미한다. '치료적인 벌'이라는 말을 사용한다면 '벌'이 폭력을 내포하는 것으로 이해될 수 있으므로 벌보다는 '교정'이나 '지도'라는 표현이 더 낫겠다. 교정이나 지도를 할 때는 육체적·정서적으로 약한 상태에 있는 아이에게 어떤 체계를 제공한다(예를 들어, 지치고 신경질적으로 과민한 상태에 있는 아이에게는 벌을 주는 것이 아니라 아이의 방으로 보내 낮잠을 자게 한다). 그리고 아이가 자신의 행동의 결과에 대하여 책임을 지도록 가르친다(예를 들어, 아이가 부주의한 행동으로 다른 사람의 재산에 손해를 입혔으면 그에 대한 보상을 하도록 요구한다). 이러한 치료적인 벌은 자비로운 방법으로 주어지며 이 벌의 목적은 아이가 더 많은 사랑을 주고받도록 하는 것이다. 반면에 보복성 벌은 사랑으로 행해지는 것이 아니다. 그래서 그것을 통해서는 어떤 사람도 더 사랑하고 사랑받는 존재로 성장할 수 없다.

− 좋은 부모는 자녀들을 빈말로 위협하지 않는다. 하느님께서 말씀하신 것은 말씀하신 그대로를 의미하는 것이 아닌가?

앞에서 언급했듯이, 예수님의 문화권에서 과장법은 일반적인 화법이었다. 예수님께서 보복성 벌로 위협하는 것처럼 말씀하셨을 때 그 말씀을 듣는 당시의 사람들은 그것을 그들에게 반드시 일어날 일에 대한 예고나 위협으로 이해하지 않았을 것이다. 예수님의 그러한 말씀은 우리를 깨어 있게 하고 우리가 파괴적인 행동을 멀리하도록 하기 위한 것이다.

- 하느님께서 절대로 앙갚음하기 위해서 벌하는 분이 아니고 진정으로 우리를 사랑하는 분이시라면 우리는 어떻게 잔인함과 사랑이 뒤섞인 하느님 이미지를 가지게 되었을까?

하느님을 잔인함을 통하여 사랑을 표현하는 분으로 여기는 우리의 정신 분열증적 이해는 그 원인과 결과가 모두 이와 똑같은 우리의 육아 방식과 관련이 있다. 이에 관하여 앨리스 밀러Alice Miler는 다음과 같이 말한다.

……

"매를 아끼는 이는 자식을 미워하는 자 자식을 사랑하는 이는 벌로 다스린다."(잠언 13,24)는 말씀이 있다. 하나의 지혜로 여겨지는 이 성경 구절은 오늘날에도 여전히 널리 알려져 있어 우리는 심심치 않게 사랑의 매는 아이에게 해가 되지 않는다고 말한다. (중략) 하지만 사람들이 어릴 때부터 위와 같은 성경의 권고에 익숙하지 않은 상태로 성장했다면 그 말씀이 진실이 아닐 것이라고 느낄 것이다. 잔인성은 사랑의 반대이다. 잔인성이 사랑의 상징으로 제시된다면 그것의 정신 외상적인 영향은 감소되는 것이 아니라 실질적으로 더 강화될 것이다.

(중략) 사랑으로 아이를 때리는 사람은 아무도 없다. 많은 경우에 아이들은 자신을 방어할 수 없는 상황에서 뺨을 맞고 그것을 사랑의 상징으로 이해하도록 강요받는다. (중략)

만일 엄마가 아이를 때렸던 특정 순간에 아이에 대한 사랑이 잠시 떠났었고, 아이와는 전혀 상관없는 감정의 지배를 받았었다고 분명하게 아이에게 말해 줄 수 있다면, 오히려 아이는 그 사건의 진상을 명확하게 이해하고 엄마에게 존중받았다고 느끼며, 그 사건으로 인해 엄마와의 관계에서 혼란을 겪지 않을 것이다.

자신의 어린 시절을 생각해 보면 도움이 될 것이다. 어린 시절의 경험은 우리의 하느님 이미지에 깊은 영향을 끼친다. 어린 시절에 부모의 잔인한 학대를 경험했다면 설령 그것이 '매를 아끼는 이는 자식을 미워하는 자 자식을 사랑하는 이는 벌로 다스린다.'는 가르침을 믿는 선한 의도를 지닌 부모에 의한 것일지라도, 하느님 이미지에 잔인성과 학대가 새겨져 있을 확률이 높다. 학대하는 부모의 자녀는 그러한 부모를 변호하고 그들에게 돌아가는 경향이 있는데, 이는 그들이 그 아이들의 유일한 부모이기 때문이다. 이런 이유로 우리에게는 학대하는 하느님 이미지를 변호하고 그러한 하느님께로 돌아가는 경향이 있다. 또한 부정의 단계를 넘어서 우리가 겪은 학대의 고통을 직면하지 않는 한, 우리는 다른 사람을 학대하고 잔인하게 대하게 될 것이며 그러한 행위를 정당화하기 위해 자주 학대하는 하느님 이미지를 이용할 것이다.

보복성 벌에 대한 예수님의 대응

– 우리의 하느님 이미지, 즉 복수하는 하느님 이미지를 변화시키는 것이 예수님 사명의 핵심이라고 말하는 근거는 무엇인가?

성서 학자들은 루카 복음 4,14-19에서 전하는 대로 예수님께서 나자렛의 한 회당에서 이사야서 61,1-2을 인용해 당신의 사명을 선포하셨다는 데 동의한다. 그런데 예수님께서 사명을 선포하신 후에 왜 회당에 있던 모든 사람이 그분을 산 위 벼랑까지 몰고 갈 정도로(루카 4,29) 격분했던 것일까? 예수님의 말씀을 듣던 사람들은 유다인이었고 그들은 메시아가 로마인과 시돈인(페니키아인)과 시리아인, 즉 유다인을 제외한 다른 모든 사람들에게 복수하는 분이기를 원했다. 그러나 예수님은 이사야서를 인용하실 때 하느님께서 원수들에 대한 복수를 언급하시는 문장 하나를 건너뛰고 대신에 하느님의 '은총'이 로마인, 시돈인, 시리아인을 포함한 모든 사람에게 내릴 것이라고 선포하셨다(루카 4,26-27). 예수님은 복수를 위한 벌의 시대를 마감하고 의로운 사람과 의롭지 못한 사람 모두에게 '은총'을 베푸는 메시아의 시대를 선포했기 때문에 유다인 청중의 분노를 샀다. 신학자 로버트 주잇Robert Jewett에 따르면 예수님은 하느님의 복수에 관한 문장을 건너뜀으로써 징벌의 전통에 반대하는 입장을 취하셨고, 당시에 통용되던 성경의 문자적 해석이라는 관습을 위반하셨다.

2천 년 동안 삐치신 하느님

- 안셀모의 구원 신학에 대하여 질문을 던지면서 말하고자 하는 것은 예수님께서 우리를 위하여 십자가에서 돌아가실 필요가 전혀 없었다는 의미인가?

그렇지 않다. 우리가 말하고자 하는 것은, 예수님께서 십자가를 끌어안으신 이유가 하느님의 사랑에 한계가 있어서 예수님께서 그것을 보상하기 위해서 그렇게 하신 것이 아니라는 것이다. 오히려 예수님은 하느님의 사랑에 한계가 없으며 우리를 위하여 돌아가실 정도로 그 사랑이 무한하심을 확신시켜 주기 위해 돌아가셨다(로마 5,6-8). 제임스 버트첼James Burtchaell의 표현처럼 "예수님의 사명은 하느님 아버지 앞에서 우리의 이익을 옹호하는 것이 아니라 우리에 대한 그분의 끈질긴 사랑을 드러내는 것이다. 중재의 방향은 아래쪽으로, 즉 인간에게 향한다. 다가가기 어려운 것은 사실 하느님이 아니라 바로 우리 인간이다."

12세기 스콜라 철학자 아벨라르Abelard는 구원에 관하여 안셀모와는 다른 관점을 가졌는데, 이것을 조지프 캠벨Joseph Campbell은 "십자가 위 예수님의 죽음은 갚아야 할 보석금이나 벌금을 위한 형벌이 아니라 속죄의 행위였다. 속죄는 'atonement'라고 표기하는데 이는 인간과 하나가 되는at-one-ment 행위이다."라고 설명한다. 삶의 고통과 '하나'at one가 됨으로써 예수님께서는 연민이라는 인간의 정서를 불러일으키셨으며 이렇게 예수님의 십자가는 우리가 서로를 위한 연민의 삶을 살도록 초대한다.

하느님은 검사인가, 변호사인가?

– 나는 어려서부터 하느님을 검사와 비슷하다고 여기면서 성장했다. 그런데 실제 하느님은 변호사와 같은 분이시라면 나는 어떻게 하느님이 검사라는 생각을 하게 되었을까?

신약 성경이 등장하기 오래전 고대 그리스어로 '파라클레토스'Parakletos는 "옆에 함께 있도록 부름을 받은 사람"one called alongside을 의미했고 법률적으로는 '변호사'attorney라는 의미로 사용되었다. 어떤 영어 번역본에서는 파라클레토스의 이러한 의미를 더 강조하기 위해 '지지자'advocate로 번역하기도 한다. 변호인으로서의 하느님은 사랑과 정의가 하느님의 자비의 양면으로 여겨졌던 초기 교회에 주로 존재했던 개념이다. 하지만 테르툴리아노와 아우구스티노에서 시작하여 로마 사법 제도의 영향 아래 법과 복종이라는 개념이 강조되면서 정의와 사랑은 서로 분리된다. 딕Deak이 언급했듯이 죄는 더 이상 "하느님과 인간의 사랑의 유대가 약화된 것을 의미하는 것이 아니라 하느님의 권리에 대한 침해"를 의미하는 것으로 여겨졌다. 죄는 처벌에 기초한 정의를 구현하기 위하여 법률적 해명 절차를 거쳐야 하는 범죄와 같은 개념으로 여겨지게 되었다. 이렇게 하느님은 더 이상 "원수를 사랑하라."는 계명에 구애받지 않고 치유되지 않은 인간의 잔인성과 복수의 본능을 투사하기 쉬운 검사가 되었다. 베르댜예프Berdyaev에 의하면 "종교적 믿음의 형태는 타락한 인간의 상태를 반영한다. 하느님과 인간이 관계를 맺는 방식은 손쉽게 형사 재판의 형식을 띠게 되었다. (중략) 법률적인 사랑은 생명을 잃은 사랑이다."

고해성사의 오용은 검사로서의 하느님 이미지를 강화했다. 제임스 버트첼은 이렇게 말한다.

‥‥‥

고해성사는 자주 (중략) 사제가 회개하는 사람의 잘못을 심판하고 그에 대한 보상으로 벌칙을 부여하는 재판정을 연상시키는 것으로 변했다. 이는 괴상하고 터무니없는 혼란을 초래하고 있는데, 그리스도인들이 하느님께서 그렇게 하실 리 없다고 믿고 있는 바로 그러한 일을 실현하고 있기 때문이다. 판사는 절대 용서가 없다. 판사는 단지 유죄 또는 무죄 판결을 내릴 뿐이다. 예수님께서 절대로 하실 수 없는 일 한 가지가 바로 하느님 아버지를 대신해서 응징하는 일이다. 형사 재판소에서나 일어날 법한 그러한 일은 아마도 하느님께서 용서를 통하여 우리에게 하고자 하신 일과 가장 거리가 먼 일일 것이다.

— 하느님께서 회개하지 않은 죄인을 용서하고 치유하신다고 했다. 되찾은 아들의 비유를 보면 아버지가 용서하기 전에 아들이 먼저 회개하고 집으로 돌아오지 않는가?

회개의 예로 루카 복음의 되찾은 아들의 비유(15,11-30)가 자주 인용되지만 사실 이 이야기는 하느님께서 회개하지 않은 죄인을 어떻게 용서하고 치유하시는지에 관한 이야기이다. 이 예화는 예수님께서 왜 세리들과 회개하지 않은 죄인들을 환영하시고 함께 식사까지 하시는지 그 이유를 묻는 바리사이들의 질문에 대한 응답이다(루카 15,1-3). 예수님께서는 예화 속의 작은아들을 가장 큰 죄를 지은 죄인으로 묘사하신다. 그는 유다인으로서는 가장 질이 나쁜 죄, 즉 한 가정의 아버지를 마치 이미 죽은 사람인 것처럼 대하는 죄를 범했다. 유다인 사회에서 아버지가 아직 건강한데 유산을 물려 달라고 요구하는 것은 상상조차 할 수 없는 일이었다(게다가 그 유산을 이방인과 이교도의 땅에 가서 탕진한다는 것은 더 말할 필요가 없다). 케네스 베일리Kenneth Bailey는 "고대에서 현대에 이르기까지 어떤 중동 문학에서도(되찾은 아들의 비유 외에) 아직 건강한 아버지에게 유산을 물려 달라고 하는 이야기는 아들 나이의 많고 적음을 불문하고 찾아볼 수 없다."고 말한다.

때로 이 이야기는 마치 작은아들이 '먼 고장'에서 마음의 변화가 생겨 회개의 표시로 '품팔이꾼'으로 삼아 달라고 청하기로 미리 생각한 것처럼 들릴 수 있다. 하지만 성서학은 이 시점에서 작은아들의 동기는 자기 이

익을 추구하는 편에 가깝다고 지적한다. 그가 미리 준비한 말들은 그의 회개를 드러내는 것처럼 들리지만 그는 아버지의 집으로 돌아가면 먹을 것이 훨씬 더 많다는 것을 계산한 후에 아버지에게 무슨 말을 할지 생각한다. 제임스 버트첼은 다음과 같이 말한다.

……

모든 것을 잃고 절망한 작은아들은 회개했기 때문이 아니라 굶주렸기 때문에 집으로 향한다. 이 이야기는 그에게 일어난 것은 마음의 변화라고 전혀 말하고 있지 않다. 단지 음식을 바꾸고 싶을 뿐이다. 그는 아버지의 집을 향해 발을 질질 끌며 오는 변함없이 어리석은 아들일 뿐이다.

작은아들은 아버지에게 받은 돈을 다 탕진한 것에 대해서는 후회하지만 아버지의 마음을 아프게 한 것에 대해서는 여전히 회개하고 있지 않다. 그가 회개를 하지 않았다는 것은 루카 복음 15장 20절에서도 드러난다.

그가 "아직도 멀리 떨어져 있을 때에" 아버지는 그를 보고 달려가 맞이했다. 성서 학자인 케네스 베일리는 우리와의 개인적인 대화에서 '아직도 멀리 떨어져 있을 때에'라는 표현은 아들이 아버지로부터 얼마나 멀리 떨어져 있는지 지리적 거리를 의미하는 것이 아니라 아버지에 대한 아들의 정서적 거리, 즉 마음이 굳은 아들의 회개의 부재를 의미하는 것이라고 했다.

아버지는 작은아들이 진정으로 회개하기 전에, 그리고 먼저 마음의 변화가 있어야 한다고 요구도 하지 않은 상태에서 그에게 화해의 선물을 준다. 베일리에 따르면 이 아버지는 나중에 회개하기 전에 큰아들도 용서한다. 큰아들은 공공연하게 아버지와 말다툼을 함으로써 "아버지와의 관계를 작은아들과 아버지와의 관계만큼이나 근본적으로 파괴한다." 그러나 아버지는 회개하지 않은 큰아들을 변함없이 사랑하고 그가 잔치에 참석하지 않았음에도 "내 것이 다 네 것이다."라고 말한다.

– 하느님께서 작은아들처럼 회개하지 않은 죄인을 사랑하고 치유하신다는 것이 여전히 생소하다. 성경을 인용해서 이를 증명할 수 있는 이야기들을 더 들려줄 수 있는가?

'되찾은 아들의 비유'는 하느님께서 회개하지 않은 죄인을 어떻게 사랑하시는지에 관한 루카 복음 15장의 세 가지 비유 중 하나이다. 이 비유는 '되찾은 양의 비유'(루카 15,3-7)와 '되찾은 은전의 비유'(루카 15,8-10) 다음에 등장하는데, 되찾은 아들과 마찬가지로 양과 동전도 회개하지 않은 죄인을 가리킨다. 각각의 비유에서 하느님은 길을 잃은 사람이 회개하고 돌아오기를 기다리시기보다 아직도 길을 잃은 채 회개하지 않은 사람을 먼저 찾아 나서신다.

하느님께서 잃어버린 사람을 기꺼이 먼저 찾아 나서신다는 것은 이미 '찾은 사람들'(또는 찾아졌다고 생각하는 사람들) 모두에게 큰 의미가 있다. 되찾은 양의 비유에 관한 글에서 베일리는 "남아 있는 아흔아홉 마리 양들에게 진정으로 안전하다고 느끼게 하는 것은 바로 잃어버린 한 마리의 양을 기꺼이 찾아 나서는 목자의 모습이다."라고 말한다. 이와 똑같이 회개하지 않은 죄인을 기꺼이 찾아 나서시는 하느님의 모습은 우리 모두에게 하느님은 결코 우리를 버리지 않으신다는 확신을 주고 우리가 그러한 사랑 안에서 안전하게 쉴 수 있게 한다. 회개하지 않은 죄인에 대한 이러한 받아들임은 신약 성경 곳곳에 스며 있으며 이는 계속해서 바리사이들을 분개하게 만들었다. 예를 살펴보자.

……

"너희는 원수를 사랑하여라. 그리고 너희를 박해하는 자들을 위하여 기도하여라. 그래야 너희가 하늘에 계신 너희 아버지의 자녀가 될 수 있다. 그분께서는 악인에게나 선인에게나 당신의 해가 떠오르게 하시고, 의로운 이에게나 불의한 이에게나 비를 내려 주신다. 사실 너희가 자기를 사랑하는 이들만 사랑한다면 무슨 상을 받겠느냐? 그것은 세리들도 하지 않느냐?"(마태 5,44-46)

"의로운 이를 위해서라도 죽을 사람은 거의 없습니다. 혹시 착한 사람을 위해서라면 누가 죽겠다고 나설지도 모릅니다. 그런데 우리가 아직 죄인이었을 때에 그리스도께서 우리를 위하여 돌아가심으로써, 하느님께서는 우리에 대한 당신의 사랑을 증명해 주셨습니다."(로마 5.7-8)

― 나에게 회개란 마음의 변화를 의미한다. 그런데 마음의 변화를 원하지 않는 사람들을 하느님이나 다른 사람이 어떻게 도울 수 있는가? 예를 들어, 알코올 중독자는 소위 '바닥을 치고' 도움을 청할 때 회복이 가능한 것이 아닌가?

12단계 회복 운동에서 '밑바닥까지 내려가기'와 '개입하기'에 대한 인식은 점진적으로 변화해 왔다. 익명의 알코올 중독자 모임이 처음 생기기 시작했을 때에는 알코올 중독자가 '바닥을 치고' 도움을 받아들일 준비가 될 때까지는 그를 위해 할 수 있는 일이 거의 없다는 것이 일반적인 생각이었다. 그러나 로버트 스터키Robert Stuckey 박사에 따르면 최근에는 도움을 원하지 않는 것으로 보이고 '변화를 원한다는 신호를 전혀 보여 주지 않는' 사람들에 대해서도 초기 개입을 권장한다. 이렇게 12단계 회복 운동의 회원들이 변화를 원하지 않는 것처럼 보이는 사람들에게도 개입하여 변화를 가능하게 만들 수 있다면 하느님도 하실 수 있다.

— 진정으로 하느님은 우리가 하느님의 사랑을 얻기 위해 아무런 노력을 하지 않아도, 도움조차 청하지 않아도 회개하지 않은 죄인인 우리를 사랑하고 치유하신다는 말인가?

그렇다. 하느님께서 회개하지 않은 죄인을 사랑하고 치유해 주신다는 사실은 '신명기 법전의 정신'Deuteronomic Code mentality으로 교육받은 우리 대부분에게 매우 생소하게 느껴질 것이다. 리처드 로Richard Rohr에 따르면 십계명으로 대표되는 신명기 법전은 회개하지 않은 죄인의 치유가 아니라 처벌을 토대로 만들어졌다. 따라서 신명기 법전에는 다음과 같은 일련의 움직임이 반영되어 있다. "나는 죄를 짓고, 하느님은 그런 나를 벌하시며, 나는 회개한다. 하느님은 그런 나를 사랑하시고 상을 주신다." 이러한 일련의 과정 안에서 나는 회개를 함으로써 하느님의 사랑과 상을 쟁취한다. 그러나 바오로 사도의 회심이나 회개하지 않은 돌아온 탕자와 같은 이야기는 신명기 법전의 정신을 뒤엎는 이야기들이다. 여기에는 다른 일련의 움직임이 반영되어 있다. "내가 죄를 짓는다. 그러나 나는 회개하지 않는다. 나는 하느님의 사랑과 상을 받는다. 그것은 나를 치유하고 그래서 나는 회개할 수 있다." 이 이야기 안에서 나는 하느님의 사랑과 상은 회개를 통해 쟁취하는 것이 아니며 그것은 나를 치유하고 결국 회개를 가능하게 하는 하느님께서 거저 주시는 선물임을 발견하게 된다.

이러한 신명기 법전과의 근본적인 분리는 예언서들이 우리에게 알려 주는 계약의 특징이다. 이 계약에서 하느님의 '자비'는 응분의 벌을 받아야 하는 하느님의 '정의'와 더 이상 대조되지 않는다. 자비와 정의의 개념은 함께 사용된다. 이제 하느님의 정의는 하느님께서 진정으로 당신 자신으로, 즉 자비롭고 너그러우며 무조건적으로 사랑을 하시는 분으로 존재하신다는 것을 의미한다. 하느님은 다시는 보복을 위한 벌을 내리지 않을 것이며(이사 54,9), "이 백성에게 놀라운 일을, 놀랍고 기이한 일을 계속 보이리라."(이사 29,14) 하신 말씀대로 마음이 굳을 대로 굳은 사람들을 치유하실 것이다.

계약에 대한 이러한 이해를 가지고 우리가 루카 복음 7장 47절을 제대로 이해하고 있는지 살펴보자. 이 구절은 공공연한 죄인이면서 예수님의 발을 자신의 눈물로 적시고 머리카락으로 닦아 드림으로써 바리사이 시몬을 충격과 분노에 빠뜨린 여인을 옹호하시는 예수님의 이야기를 담고 있다(루카 7,36-50). 예수님께서 이 여인을 옹호하는 7장 47절의 말씀은 다음과 같이 두 가지 다른 방식으로 번역된다.

·····

"그러므로 내가 너에게 말한다. 이 여자는 그 많은 죄를 용서받았다. 그래서 큰 사랑을 드러낸 것이다. 그러나 적게 용

서받은 사람은 적게 사랑한다."(예루살렘 성경Jerusalem Bible)

"내가 너에게 말한다. 이 여자는 큰 사랑을 보여 주었기 때문에 그 많은 죄를 용서받았다. 적게 용서받은 사람은 적게 사랑한 사람이다."(뉴 아메리칸 바이블New American Bible)

어떤 번역이 옳을까? 예루살렘 성경은 신명기적 관점이 아니라 계약의 관점을 강조한다. 큰 사랑을 드러내며 치유받은 사람의 방식으로 행동하는 여인의 모습은 예수님께서 주시는 하느님의 사랑과 용서가 치유와 회개보다 앞서는 선물임을 보여 준다. 이와 대조적으로 뉴 아메리칸 바이블은 신명기적 관점을 반영한다. 즉 여인의 회개와 사랑이 용서라는 하느님의 이미지를 쟁취하게 해 준다. 어느 번역이 올바른지에 대한 답은 루카 복음 7장 42절에 예수님께서 시몬에게 던지신 '오백 데나리온을 탕감받은 사람과 오십 데나리온을 탕감받은 사람 가운데 누가 더 사랑하겠느냐'는 질문에 들어 있다. 오백 데나리온을 탕감받은 사람이 더 많이 사랑할 것이라는 시몬의 대답은 사랑은 용서를 얻기 위한 완벽주의적인 노력(뉴 아메리칸 바이블)에서 비롯되는 것이 아니라, 용서에 대한 응답이며 용서로부터 흘러나오는 것임(예루살렘 성경)을 강조한다. 이 부분은 거의 대부분의 성경 번역본들에서 잘못 번역되어 있기 때문에 예루살렘 성경은 다음과 같은 각주를 첨부한다.

......

다음은 일반적인 번역이다. "그 여자는 그와 같이 큰 사랑을 보여 주었기 때문에 그 많은 죄를 용서받았다." 하지만 다음과 같은 정반대의 번역이 필요하다. "그 여자는 그 많은 죄를 용서받았기 때문에 그렇게 큰 사랑을 보여 줄 수 있었다."

1988년에 개정된 뉴 아메리칸 바이블은 그 단락에 대한 예루살렘 성경의 이해에 동의하여 비슷한 맥락으로 번역하고 있다. 이 구절이 그렇게 자주 잘못 번역되고 있다는 사실은 신명기 법전에 고착되어 있는 우리의 사고

방식을 보여 줄 뿐 아니라, 하느님은 '공짜 선물이란 존재하지 않으며 얻고자 하는 바를 위해서는 열심히 일해야 한다.'는 미국식 윤리에 따라 활동하는 분이라는 믿음이 우리 안에 얼마나 크게 자리하고 있는지를 보여 준다.

하느님께서 지옥으로 보내는 사람이 있을까?

– 지옥이 하나의 '가능성'으로 존재한다니 그것이 무슨 의미인가?

그것은 윌리엄 돌턴William Dalton의 말을 인용한 것인데, 그는 "우리가 하느님의 본성이 사랑이라는 것을 알고 있기 때문에 영원한 지옥은 '추상적 가능성'일 뿐이며 실제로는 하느님께서 모든 사람을 구원하실 것이라는 진정한 희망을 가질 수 있다."고 말한다.

돌턴과 같은 맥락에서 카를 바르트Karl Barth는 말했다. "인간의 불신앙이 하느님의 사랑 앞에서는 아무런 효력이 없으므로 지옥을 선택하는 것은 '불가능한 가능성'impossible possibility이다."

– 그렇다면 지옥 불 속에서 타고 있는 사람들을 보았다는 성인과 신비가들의 증언은 어떻게 되는가?

우리가 성경에 등장하는 모든 이미지를 문자 그대로 받아들일 수 없는 것처럼 그들의 환시에 등장하는 모든 이미지(화염과 지옥 등)를 문자 그대로 받아들일 수 없다. 교회는 그들의 증언을 한 번도 문자적으로만 이해하지 않았다. 칼 라너는 다음과 같이 말한다.

······

교회가 성인들의 시성에 있어서 무류성을 언급하지만, 지옥에 갔을 것이라고 여겨지는 사람들에 관해서는 결코 무류성을 언급한 적이 없다. 우리는 단 하나의 영혼이라도 실제로 지옥에 간다고 확신할 수 없다.

- 과연 지옥을 선택하는 사람이 있을지 알 수 없다고 말하지만, 주변을 돌아보면 지옥을 선택하는 것 같은 사람들을 볼 수 있지 않은가?

지옥을 선택하는 것은 인간의 관점과 하느님의 관점이라는 두 가지 측면에서 이해되어야 한다. 부자 청년의 비유에서 예수님께서는 구원의 가능성이라는 것이 관점에 따라서 얼마나 달라질 수 있는지 강조하신다. 제자들이 누가 구원받을 수 있는지 여쭙자 예수님께서는 사람의 관점에서는 불가능하지만 하느님의 관점에서는 모든 것이 가능하다고 말씀하신다(마르 10,27). 예수회 소속의 피트 쇼넨베르크Piet Schoonenberg는 이 비유를 "지옥은 인간에게 하나의 가능성으로 존재하지만, 하느님께 속한 구원은 그분 안에서 훨씬 더 큰 가능성으로 존재한다."고 요약한다.

존 로빈슨John Robinson은 이것을 "역사에 대한 궁극적인 관점은 인간이 아니라 하느님의 관점이다."라고 설명한다. 힐다는 회개하지 않은 아들의 자살에 관하여 처음에는 인간의 관점에서만 생각했다. 하느님께서 아들에게 손을 내미시는 것을 보기 전까지는 아들이 지옥에 갔을 것이라고 확신했다. 이제 힐다는 하느님의 관점으로 생각할 수 있게 되었다. 우리는 힐다의 아들의 상황에 대한 묘사를 지옥에 이르는 길을 따라 걷고 있는 인간에 대한 로빈슨의 묘사와 비교해 볼 수 있다.

……

길이 시작된 곳에서 멀든 가깝든 그 첫 번째 길 어디선가 우리 인간은 십자가의 무게에 짓눌려 몸이 굽은 누군가를 만나게 된다. 우리는 모두 언젠가 이런 질문을 하게 된다. "주님, 왜 이렇게 하시는 것입니까?" 그때 그분께서는 이렇게 답하실 것이다. "너를 위해서, 네가 받는 하느님의 사랑이 얼마나 위대한지 증명하기 위해서란다." 어떤 사람도 그 무한한 하느님의 사랑을 피할 수가 없다. 특별히 자기 사랑이라는 지독한 공허감과 외로움 속에서 그토록 위대한 하느님의 사랑을 체험하게 되었을 때 계속해서 저항할 수 있는 사람은 아무도 없다. 인간은 저항할 선택권을 잃지 않을 것이다. 하지만 인간은 사막을 헤매며 극도의 갈증으로 고통을 겪는 사람처럼 이 생명의 물을 마시기 위해 손을 내밀기를 원하게 될 것이다.

― 지나치게 낙관적인 말처럼 들린다. 평생 성당에 다녔지만 이런 말을 들어 보지 못했다. 정말로 이렇게 이야기하는 사람들이 교회 안에 또 있는가?

우리가 이 책에서 이야기하는 낙관론은 최근에 가톨릭교회의 신학이 합의하는 관점과 일치한다. 작스^{Sachs}가 언급한 것과 같이, 라너(가톨릭교회 신학자 대부분과 의견 일치를 하고 있다)는 궁극적으로 모든 사람이 치유를 받고 영원한 삶을 누리게 될 것이라는 '흔들림 없는 희망'에 대하여 이야기한다. 1984년 프라이부르크에서 작별 연설을 할 때 그는 이러한 희망을 다음과 같이 피력했다.

•••••

아우슈비츠를 포함하여 자연 자원의 완전한 고갈과 광적인 핵무기 경쟁의 결과로 우리가 두려워해야 하는 모든 재앙에도 불구하고 나에게 인류의 역사는 구원의 역사이며 은총과 신적인 사랑의 힘에 관한 보편적 역사, 소수만이 아니라 모든 인간을 위한 희망의 역사입니다.

딕은 가톨릭교회의 신학이 모든 사람이 구원을 받을 가능성에 대하여 점점 더 개방적이 되어 간다는 데 동의하며 개신교 신학에서도 같은 움직임이 있다는 것을 발견하였다.

— 보편 구원론적으로 들리는 바오로 사도의 편지들을 예로 든다. 하지만 바오로 사도도 하느님을 등진 사람들에 대하여 냉혹한 비판을 하지 않는가?

물론 바오로 사도는 하느님을 등지는 것과 그것의 당연한 결과로서 받게 될 단죄의 심각성을 강조한다(로마 2,5-8; 1코린 6,9-10; 2코린 5,10; 2테살 1,5-9; 필리 3,19). 하지만 그는 하느님의 사랑과 자비의 관점에서 생각해 볼 때 어떤 인간도 실제로 하느님을 영원히 외면할 수 있다고 확언하지 못한다. 달리 말하면 그가 한 말은 실제로 미래에 일어날 사건에 대한 묘사가 아니라 경고로 받아들여져야 할 것이다. 돌턴은 전체적으로 볼 때 바오로 사도의 관점에서 "인간의 죄는 하느님 은총의 승리로 가는 길목에서 경험하는 하나의 단계로만 설명이 가능하다."고 말한다. 바오로 사도는 "하느님께서 모든 사람을 불순종 안에 가두신 것은, 모든 사람에게 자비를 베푸시려는 것입니다."(로마 11,32)라고 말한다.

- 예수님께서 지옥에 간 사람이 있다고 말씀하신 적이 한 번도 없다고 했는데, 루카 복음 16,19-31의 부자와 라자로의 비유를 어떻게 이해해야 하는가?

부자와 가난한 걸인 라자로에 관한 예수님의 비유는 자주 실제로 지옥에 간 사람들이 있다는 것 또는 일단 지옥에 가면 벗어날 수 없다는 것을 증명하기 위해 인용된다. 비유에서 라자로는 죽어서 천국에 가서 아브라함의 품에 안겨 있고 라자로를 도와주지 않았던 부자는 죽어서 지옥에 간다. 부자는 돌아가 다섯 명의 형제들에게 경고하여 그들은 지옥에 오지 않게 해 달라고 청한다.

이 이야기를 문자 그대로 영원히 지옥에 갇혀 있는 사람들이 있다는 증거로 받아들여서는 안 된다는 단서는 다른 사람들을 도우려는 부자의 소망과 그에 대한 아브라함의 거절에서 드러난다. 만일 천국은 사랑을 주고받는 상태이고 지옥은 사랑을 주고받지 않는 완전한 고립의 상태이며 회개가 불가능한 상태라고 정의한다면, 이 순간 회개하여 연민이 있고 이기적이지 않은 부자는 아브라함보다 더 천국에 걸맞은 행동을 하고 있다. 그런 의미에서 이 이야기가 전달하고자 하는 메시지는 두 가지인 것 같다. 첫째, 이 세상에서의 사회적 지위는 다음 세상에서는 완전히 뒤바뀔 수 있다. 둘째,

도움이 필요한 형제자매를 외면하면(부자가 살아생전에 그랬듯이) 지옥처럼 느끼게 될 것이다.

돌턴은 이 단락뿐 아니라 실제로 지옥에 간 사람들이 있다는 것을 증명하기 위해 가장 일반적으로 인용되는 신약 성경의 다른 단락들도 연구한다. 그러나 그가 이미 지적했듯이 하나의 이야기를 다른 이야기를 반박하는 데 이용하는 것은 궁극적으로 도움이 되지 않는다. 인간의 구원과 같은 근본적인 신학적 사안들은 개별적인 성경 본문들을 기초로 이해해서는 안 되며, 복음의 핵심 메시지 관점에서 이해해야 한다.

– 사람이 죽음의 순간에 하느님을 택하든 그렇지 않든 최종적인 선택을 한다는 생각은 성경에 기반을 둔 것인가?

딕은 죽기 전 마지막으로 의식이 있는 순간에 최종적인 선택을 한다는 결정적인 증거를 성경에서 찾아볼 수는 없다고 주장한다. 그는 그러한 최종적인 선택이라는 개념은 '하느님과의 바람직한 관계를 형성하기 위해서 그가 아는 최선의 방법으로 현재를 잘 사용하도록 일종의 보상을 제공하려는' 사목적 이유 또는 '신앙으로 하느님을 받아들이거나 거부하는 존재론적 결정을 지연하는 것을 제지하려는' 사목적 이유에서 비롯된 것이라고 믿는다. 이러한 이유들이 사목적으로 어느 정도 유용한 면이 있을 수는 있지만, 그것이 의식이 있는 마지막 순간에 관한 진실이라는 것을 의미하지는 않는다.

가톨릭교회의 전통에 따르면 사후에는 하느님에 대한 우리의 근본적인 선택을 바꿀 수 없지만, 불가코프Bulgakov는 동방 정교회의 전통에 근거하여 회개는 사후에도 마지막 심판 전까지는 가능하다고 설명한다. 로빈슨은 이러한 전통을 지지하면서 "신약 성경이 사후에는 더 이상의 기회가 없다고 주장하는 것은 결코 아니다."라고 말한다.

- 하느님께서 영원토록 우리를 사랑하고 치유하신다는 말

은 처음 들어본다. 신학자들도 이러한 관점을 지지하는가?

많은 신학자들이 임종할 때 내리는 결정이 최종적인 것이라는 개념에 대하여 의문을 제기한다. 이는 끊임없이 치유하시는 하느님의 계획을 배제하기 때문이다. 예를 들어, 한스 큉Hans Küng은 다음과 같이 말한다.

……

최종적 결정이라? 시편에서 하느님은 죽은 자들의 나라도 통치하신다고 하지 않는가? 전능하시고 자비 그 자체이신 하느님의 뜻에 반하여 무엇이 최종적이 될 수 있다는 것인가? 영원히 선하신 하느님께서 왜 증오와 원한을 제거하시기보다 그것을 영속시키심으로써 하느님께 대적하는 세력들과 함께 통치하기를 원하신다는 말인가? 왜 하느님께서 이 시점에 더 이상 하실 말씀이 없으셔서 결과적으로 죄로 물든 인간의 정화와 해방, 그리고 깨달음을 영원히 불가능하게 만드셔야 한다는 말인가?

한스 큉과 같이 베르댜예프는 전통적인 그리스도교 교리의 모순에 관하여 "지옥으로 이끄는 자유는 인정하면서 거기서 나오도록 이끄는 자유는 인정하지 않는다."고 지적한다.

우리가 '죽음의 순간'이라고 말할 때는 보통 죽기 전 마지막으로 의식이 있는 순간을 의미한다. 그런데 이 순간에 우리는 여전히 이 세상에서 경험한 모든 상처를 안고 있고, 아직 하느님께서 우리를 위해 계획하신 치유를 전부 경험하지 못했기 때문에 이때 경험하는 자유는 제한된 자유이다. 라디슬라우스 보로스Ladislaus Boros는 죽음 그 자체는 완벽한 자유의 순간으로, 이 순간에 우리는 더 이상 세상의 상처와 한계들에 얽매이지 않고 마지막 운명을 선택하게 된다고 한다.

……

단죄를 받는 사람은 아무도 없다. 그는 사랑을 전혀 경험할 수 없었던 가족 안에 태어났고 그로 인해 하느님의 본질을 이해할 수 없었기 때문이다. 율법의 하느님, 무시무시한

독재자로만 경험한 하느님에게서 등을 돌렸기 때문에 단죄를 받지는 않는다. 경멸을 당하고 미움을 받고 오해를 받고 내적으로 상처를 입어서 모든 것에, 그리고 하느님께도 반항했다는 이유로 단죄를 받지는 않는다.

죽음의 순간에 대한 이러한 보로스의 개념은 완전하고 영원한 하느님의 치유를 경험하면 그때 비로소 완전한 자유를 누리게 된다는 우리의 생각과 일치한다.

- 하느님께서 영원토록 우리를 사랑하고 치유하신다고 한 견해를 지지하는 내용을 성경에서 찾아볼 수 있는가?

되찾은 아들의 비유는 하느님께서 사랑하고 치유하시기 위해서 어떻게 영원한 당신의 시간을 사용하시는지 보여 준다. 힐다가 하느님 아버지께서 회개하지 않은 작은아들을 안아 주신 것처럼 회개하지 않고 죽은 아들을 안아 주는 것을 상상한 것은 놀라운 일이 아니다. 되찾은 아들의 비유는 힐다가 데니스에게 던진 "내 아들이 회개하지 않고 죽는다면 그에게 무슨 일이 일어날까요?"라는 질문에 대한 루카 복음이 주는 답이다. 되찾은 아들의 비유는 일상 안에서 하느님께서 회개하지 않은 죄인들과 어떻게 관계를 맺으시는지에 관한 이야기일 뿐 아니라, 다음 세상에서 하느님께서 "죽었다가 다시 살아난"(루카 15,24.32) 회개하지 않은 아들을 위해 베푸시는 구원의 잔치에 관한 이야기이다. 요아킴 예레미아스Joachim Jeremias는 되찾은 아들의 비유를 종말론적 만찬이라는 관점에서 "마지막 때에 상황이 역전된다. 이 반전의 때에 구원은 의로운 이들이 아니라 죄인들을 찾아온다."라고 설명한다.

루카 복음은 다음 세상에 관하여 연속해서 다섯 장에 걸쳐 다루는데 그중 하나가 15장이다. 되찾은 양, 되찾은 은전, 되찾은 아들의 비유에 등장하는 축하의 잔치가 바로 다음 세상에서 즐기게 될 잔치라는 단서는 "환영하다"를 의미하는 단어 '프로스데코마이'prosdechomai

에서 찾아볼 수 있다. 찰스 지블린Charles Giblin에 의하면 이 말은 신약 성경에서 일관되게 하느님 나라의 도래 또는 재림을 의미하는 파루시아parousia 등 내세 관련 주제들과 연결된다. 루카 복음사가는 내세와 관련된 이 말을 15장의 회개하지 않은 죄인들에 대한 세 개의 비유들을 소개하기 위해 사용한다. 각 비유에서 되찾은 것(양, 은전, 아들)은 잃어버린 죄인, 회개하지 않은 죄인을 의미한다. 세 비유 모두 내세에서조차 사랑이 어떻게 하느님께서 잃어버린 죄인, 회개하지 않은 죄인을 찾아 나서고 또 찾아내도록 만드는지 보여 주고 그 사랑을 기념한다. 각 이야기에 등장하는 기쁨이 넘치는 천국의 잔치는 회개하지 않은 죄인들을 찾아 나서시는 하느님의 강력한 사랑이 어떻게 그들의 회개를 가능하게 하는지를 보여 준다.

지옥의 고통을 어떻게 이해해야 하는가?

- 상처가 어떻게 우리의 하느님 이미지에 영향을 주는지 더 말해 줄 수 있는가?

이 책에서는 예수님의 사랑의 메시지를 왜곡하는 가르침이 어떻게 하느님 이미지를 손상시킬 수 있는지에 초점을 맞추고 있다. 엘리 위젤은 강제 수용소에서의 경험을 글로 쓰면서 비극과 고통의 경험이 어떻게 하느님 이미지를 손상시킬 수 있는지에 대해 언급한다. 그러한 상황에서는 하느님께서 우리를 저버리신 것처럼 느낄 수도 있고 (최악의 경우에) 우리가 겪는 악을 초래한 분이 하느님이라고 느낄 수도 있다. 이처럼 모든 상처가 하느님 이미지에 영향을 끼친다. 상처가 심각할수록 하느님 이미지는 더 심각하게 왜곡될 것이다. 예를 들어, 학대의 피해자들은 하느님을 신뢰하는 것이 매우 어렵다고 느낄 것이며 무신론자들이 신앙을 잃게 된 계기는 사랑하는 사람의 상실과 연관된 경우가 많다.

나(마태오)는 일곱 살 때 두 살 된 동생 존을 잃었다. 나는 하느님께서 존을 '데려가셨다.'고 들었으며 아무도 내가 존의 죽음을 슬퍼하도록 도와주지 않았다. 그 영향으로 마침내 내가 존에 대한 애도를 할 수 있기까지 오랜 세월 동안 나의 하느님 이미지는 심각하게 왜곡되어 있었다. 치유는 우리가 슬퍼할 것을 슬퍼하고 하느님께서 우리와 함께 고통을 받으시며 우리가 겪는 가장 깊은 고통 속에 항상 함께하신다는 것을 깨달을 때 비로소 일어난다. 피에르 울프Pierre Wolf는 "고통에 대한 우리의 분노는 곧 그 고통에 대한 하느님의 분노"라고 말한다.

우리의 하느님 이미지는 (앞서 언급한 관습적인 폭력적 양육뿐 아니라) 주 양육자와의 유대가 결핍되었을 경우에 그 영향을 받는다. 우리는 다른 책들에서 죽음, 상실, 적절한 유대 관계의 결핍과 같은 다양한 상처들의 치유에 관하여 다루었다.

그렇다면 자유 의지의 의미는 무엇인가?

– 내가 선하지 않은 것을 택할 때마다 내가 자유롭지 않다고 말하는 것인가?

'자유'freedom는 '선택'choice과 구분되어야 한다. 우리가 선이나 악을 선택할 수 있는 것은 사실이지만 자유는 오로지 가장 큰 선만을 지향한다. 더 좋은 것만이 아니라 가장 좋은 것을 추구한다. 아우구스티노의 표현처럼 "죄를 짓는 능력은 자유의 사용이 아니라 자유의 남용에서 비롯된다." 카를 바르트는 이에 동의하면서 다음과 같이 말한다.

......

악을 선택하는 것이 자유인가? 의미 있는 유일한 자유는 하느님께서 창조하신 그대로의 나 자신이 되는 자유이다. 하느님께서 창조하신 것은 중립적인 피조물이 아니라 그분의 피조물이다. (중략) 그리스도의 종이 된다는 것은 자유롭게 된다는 것을 의미한다.

 - 대죄는 우리가 의도적으로 완전히 동의했을 때 성립된다고 배웠다. 대죄라고 부를 만한 죄는 없다는 말인가?

 전통적으로 대죄는 '중대한 문제, 충분한 숙고, 의도적인 완전한 동의'로 성립된다. 자신의 뜻에 의한 완전한 동의라는 말은 악을 행하기로 자유롭고 책임감 있는 선택을 한 것임을 의미한다. 하지만 우리는 그러한 선택을 할 수 있는 사람이 정말 있는지 의문을 품게 된다. 라너를 비롯한 다른 학자들과 일치하는 우리의 이러한 관점은 제임스 버트첼James Burtchaell의 글에서도 찾아볼 수 있다.

 ‥‥‥

 완전한 동의로 말하자면, 악에 대하여 완전한 동의를 할 수 있는 사람은 아무도 없다. 우리는 동의하지 않고도 악을 행하며 악을 행함으로써 우리는 우리가 지닌 동의하는 능력을 손상시킨다. (중략) 우리가 잘못 생각하는 것은 책임감을 죄의 특성 중 하나로 여긴다는 것이다. 형법을 적용하는 경우에도 용의자에게 실제로 얼마나 책임이 있는지 파악하려고 한다. 하지만 범죄 행위는 애초에 책임 있는 행동의 결과가 아니기 때문에 그것을 따지는 것은 어리석은 일이다. 범죄 행위는 책임감의 소멸에서 비롯되는 것이고 죄도 마찬가지이다. 중대한 문제, 충분한 숙고, 완전한 동의라는 것은 악이 아니라 덕의 특성에 대한 설명이다.

앤소니 드 멜로Anthony de Mello는 자주 피정 지도 중에 이와 같은 맥락에서 "우리가 완전히 깨어 있다면 우리는 죄를 지을 수 없다. 마치 모든 것을 탕진한 작은아들처럼 마침내 제정신이 들었을 때 우리는 선을 선택하게 된다."(루카 15,17)라고 말했다.

칼 로저스Carl Rogers와 동료들은 이와 같은 현상을 심리 치료를 받는 내담자들에게서 보았다. 내담자에 대한 치료자의 무조건적이고 긍정적인 존중을 통하여 내담자는 그동안 의식하지 못했던 자기 자신의 여러 측면과 다시 관계 맺을 힘을 갖게 된다.

……

내담자들이 심리 치료 중에 매우 자주 언급하는 것처럼, 사람은 있는 그대로의 진정한 자기 자신이 되어 간다. 이것은 실제로 자기 자신이 누구인지를 의식하고 그렇게 되어 간다는 것을 의미하는 것으로 보인다. 즉 완벽하게 기능하는 인간이라는 유기체가 되어 간다는 것을 의미하는 것 같다. (중략) 인간이 완전한 인간이지 못할 때, 즉 그가 자신의 경험의 다양한 측면들을 인식하는 것을 거부할 때, 현 세상이 입증하는 것처럼, 우리는 그와 그의 행동을 두려워할 이유가 너무 많다. 그러나 인간이 가장 완전한 인간으로 존재할 때, 인간이 완전한 유기체로서 기능할 때, 인간의 특별한 기질이라고 할 수 있는 경험에 대한 인식이 가장 완벽하게 기능을 할 때 그는 신뢰할 만한 인간이 되고, 그의 행동은 건설적인 것이 된다.

이와 같은 맥락에서 다니엘 오할런Daniel J. O'Hanlon은 다음과 같이 말한다.

……

(중략) 사랑의 함양을 첫 번째 관심사로 삼지 않더라도, 사랑을 단순히 인식하도록 허용하는 것은 가능하다. (중략) 동양에서는 무엇이 있는가에 집착하거나 그것을 없애려고 애쓰지 않고 단지 그것에 대한 인식에 크게 주의를 기울인다. 감정과 욕구를 직접적으로 계발하려고 하거나 그것으로 인한 흥분 상태에 주의를 기울이기보다 그것에 대한 단순한 인식, 가장 기본적이고 가장 즉각적인 인식에 더 많은 주의를 기울인다. 이러한 관습은 사랑과 연민이 진정한 자아에서 드러나는 자연스러운 움직임이라는 확고한 믿음에서 비롯되는 것으로 보인다. 표면적인 마음과 무질서한 욕구들이 조용해지면 더 이상 우리의 도움 없이 진정한 자아가 깨어난다. 진정한 자아를 찔러보고 의도적으로 일깨우려는 우리의 서투른 노력은 말미잘을 찔러볼 때와 같은 결과를 낳는다. 그것은 단단하게 자신을 닫아 버릴 뿐이다. 그러나 그것에 고요

함을 선물하고 방해하지 말고 놓아두면 그것은 활짝 핀 수련처럼 자신을 펼쳐 보일 것이다.

　예수님은 완벽하게 깨어 있던 유일한 사람이었기에 완전하게 자유로운 유일한 사람이었다. 예수님께서는 항상 선을 택하셨다. 우리가 예수님처럼 되어 감에 따라서 점점 더 그분의 완벽한 자유에 근접하게 되고 점점 더 선만을 선택할 수 있게 된다. 이와 같은 맥락에서 그리스도교 신학은 항상 천국에 있는 사람들을 죄를 지을 능력이 없는 사람들로 간주했다. 딕은 지옥을 선택하는 것을 '불가능한 가능성'으로 설명한 바르트와 같이 "축복받은(천국에 있는) 자들은 죄를 지을 모든 자유가 있음에도(곧 '가능성') 바로 그들의 이러한 자유와 하느님에 대한 지식 때문에 죄를 지을 수 없다(곧 '불가능')."고 말한다.

　― 완전히 자유로운 사람은 하느님께 '아니요'라고 말할 수

없다는 것인가? 아담과 하와, 타락한 천사들의 경우는 어떠한가? 그들이 하느님께 '아니요'라고 했을 때 완전히 자유로운 상태가 아니었다는 뜻인가?

때로 창세 2,5-3,24의 아담과 하와의 이야기는 완전히 자유로운 인간은 하느님께 '아니요'라고 할 수 있다는 것을 보여 주는 대표적인 역사적 증거로 제시되곤 한다. 하지만 우리는 성 이레네오^{Irenaeus}의 관점에 따라 아담과 하와의 자유는 성숙한 의미의 완전한 자유와 다르다는 해석을 제시하고자 한다. 이 이야기는 무의식에서 의식으로 나아감으로써 진정한 자유에 가까이 다가가는 모든 인간의 여정을 상징적으로 보여 준다.

타락한 천사들의 이야기는 아담과 하와의 이야기와 비슷한 요소들이 있다. 성서 학자들에 의하면 두 이야기 모두 문자 그대로 해석해서 역사적 사건으로 받아들여서는 안 된다. 또한 그들은 타락한 천사에 관한 이야기가 성경에 근거한 것이 아니라는 것에 대체로 의견을 같이한다. 천사들의 타락에 관한 이야기의 첫 번째 원천은 성경 정경에는 포함되지 않는 외경인 신·구약 중간기 문서 에녹서에 나오는 하늘의 전투이다. 또 다른 원천은 아마도 창세 6,1-4에 대한 잘못된 해석이라고 할 수 있을 것이다. 여기에 등장하는 '하느님의 아들들'이 '사람들의 딸들'과 결혼한 타락한 천사들이라고 잘못 해석된 것으로 보인다. 예루살렘 성경에 따르면 4세기 신학자들은 창세 6,1-4의 하느님의 아들들은 타락한 천사가 아니라 셋의 후손들을 의미하며 사람의 딸들은 카인의 후손들을 의미한다고 재해석했다.

신약 성경의 유다 1,6과 2베드 2,4은 하느님의 아들들을 타락한 천사들로 이해한 창세 6,1-4의 오역에 근거해서 쓴 것으로 보인다. 설령 그렇다고 해도 유다와 베드로의 타락한 천사들에 관한 언급을 보면 이 천사들은 심판을 받을 때까지 갇혀 있고 이렇게 함으로써 그들이 심판의 때가 되면 자유롭게 될 수도 있다는 가능성을 열어 두고 있다. 「The Jerome Biblical Commentary」(예로니모 성경 주석서)의 유다 1,6에 대한 주석에는 "베드로의 첫째 서간과 유다 서간에 등장하는 심판을 기다리는 '감옥에 갇힌 천사들'은 그리스도께서 가시어 말씀을 선포하신 베드로의 첫째 서간 3장 19절의 '감옥에 갇힌 영들'과 일부 동일시되는 면이 있다."고 첨부되어 있다. 영들이 영원히 단죄를 받았다면 그들에게 말씀을 선포하시는 것은 아무 소용이 없을 것이다. 그리스 정교회는 신자들에게 타락한 천사들(사탄을 포함하여)의 구원을 위하여 기도할 것을 권고한다.

**"하느님은 아버지이시다.
그리고 나아가 하느님은 어머니이시다."**

– 남성성을 외부 세계 outer space와, 여성성을 내부 세계 inner space와 동일시하는 이유는 무엇인가?

남자와 여자의 서로 다른 성향은 생리적인 차원에서부터 시작된다. 본질적으로 남자는 생식기를 자신의 외부에 존재하는 신비 안으로 들어가서 탐험하기 위한 것으로 경험하는 반면 여자는 자궁을 생명을 받아들이고 돌보는 신비의 내부 중심으로 경험한다. 에릭 에릭슨 Erik Erikson은 이러한 생리적인 차이점이 가져오는 결과를 최초로 설명한 사람들 중 하나이다. 에릭슨은 학령기 아동 300명을 연구했다. 그들에게 장난감과 블록을 이용하여 어떤 장면을 만들게 하였는데, 각각 150명의 남자와 여자 아이들이 만든 것이 일관성 있게 서로 다르다는 것과 그 다른 점이 신체 구조의 차이점과 유사하다는 사실을 알아냈다. 남자아이들은 높은 탑과 돌출부가 많은 집을 짓고 활동과 위험이 많은 장면들을 묘사하는 경향이 있는 반면, 여자아이들은 내부가 잘 꾸며진 낮고 폐쇄된 구조물을 만들고 평화로운 장면들을 묘사하는 경향이 있었다. 이처럼 남자아이들이 만들고 묘사한 장면은 외부 세계를, 여자아이들이 만들고 묘사한 장면은 내부 세계를 강조한다.

- 하느님은 여성성과 남성성을 동일하게 지니셨다는 말인

가? 그렇다면 왜 삼위일체의 첫 번째, 두 번째 위격을 부를 때 '아버지,' '아들'과 같은 남성 호칭을 사용하는가?

산드라 슈나이더스Sandra Schneiders는 이에 대해 다음과 같이 설명한다.

……

일반 그리스도인들의 남성적인 하느님 이미지는 매우 견고하지만 교회는 남성이든 여성이든 신학적 가르침을 통하여 하느님께 어떤 성도 부여한 적이 없다. 나지안조의 성 그레고리오는 교회의 가르침을 잘 설명한다. 그는 성삼위의 위격을 표현할 때 사용하는 '아버지'와 '아들'이라는 명칭은 본성이나 본질을 의미하는 것이 아니라 관계성을 의미하는 것이고, 이 경우에는 상징적인 의미로 쓰인 것이라고 설명한다. 곧 하느님은 아버지도 아들도 아니다. 성삼위의 첫 번째 위격은 두 번째 위격과 관계를 맺는다. 마치 어떤 것의 근원은 그것으로부터 비롯된 것들과 관계를 맺듯이. 고대 사람들은 하느님이 정말 사람과 같은 분이라고 믿었고, 고대의 불

완전한 생물학으로 인하여 생식과 관련된 모든 기능이나 무엇인가의 원천이 되는 모든 인간의 활동을 남성에게 속한 것으로 보았기 때문에, 성삼위 중에 근원이 되는 위격에 '아버지'라는 호칭을 부여한 것은 충분히 논리적이라고 할 수 있다. 그리고 신적 원리 곧 하느님에게서 비롯된 위격의 절대적 유사성과 동등성을 강조하기 위하여 두 번째 위격을 '아들'이라고 명명했다. 하지만 그들은 자신들이 사용하는 언어가 본질적으로 은유의 성격을 띠고 있다는 것을 매우 잘 알고 있었으므로 실제로 인간의 성sexuality을 완전한 영이신 하느님(요한 4,24)께 적용할 의도가 전혀 없었다.

― 예수님께서 하느님을 '아빠' 또는 '아버지'라고 부르신 것은 우리도 하느님을 남성으로 생각하기를 원하셨기 때문이 아닌가?

'Abba'의 뜻은 '아빠' 또는 '아버지'이다. 버나드 쿡 Bernard Cooke에 의하면 예수님께서 'Abba'라는 말을 사용하신 것은 하느님을 여성과 반대되는 남성으로 드러내기 위함이 아니었고, 예수님 시대의 가부장적이고 냉담한 하느님 이미지에 반하여 하느님은 매우 친밀한 부모와 흡사하다는 것을 드러내기 위함이었다.

예수님께서 '아빠', '아버지'와 같은 표현을 사용하신 것에 관하여 산드라 슈나이더스는 예수님께서는 항상 자신을 '파견된 사람'으로, 세상을 구원하는 '가업'을 물려받을 수 있게 될 때까지 '점진적으로 아버지의 일을 배우는 아들'로 묘사하신 것을 다음과 같이 우리에게 상기시킨다.

·····

예수님 시대의 가부장적 문화에서 어머니는 스스로 독립적인 일을 할 수 없었을 뿐 아니라 어른들의 일을 하도록 아들들을 교육시킬 수 없었으므로, 모자 관계는 하느님께서 예수님을 통하여 하고자 하시는 일의 의미를 전달할 수 없었을 것이다. 구원을 위한 강생의 신비가 일어난 예수님 시대의 문화가 가진 한계들 때문에 예수님은 자신이 주체가 되는 이 전무후무한 계시를 설명하기 위하여 자신을 성부의 아들로 경험하고 살아야 했다. (중략) 당연히 예수님은 하느님을 남성으로만 경험하지도 생각하지도 않으셨다. 그렇지 않았다면 예수님은 하느님을 여성적인 은유들로 소개하실 수 없었을 것이다.

실제로 예수님께서는 당시 문화적인 제약이 많았음에도 하느님을 묘사하기 위해서 때로 여성적인 비유를 사용하셨다. 예를 들면, 루카 복음에서 세 가지 비유를 들어 하느님의 자비로운 용서에 관하여 말씀하신다. 두 번째 비유에서 예수님은 하느님을 은전을 되찾은 집주인 여자로 묘사하신다(루카 15,8-10; 마태 23,37; 13,33). 또한 예수님은 여성적이고 모성적인 하느님을 보여 주시기 위하여 구약 성경을 인용하신다. 예를 들면, 이사야는 하느님을 자녀를 보살피는 자애로운 어머니로 묘사하고 민수기의 저자는 하느님을 출산하고 젖을 먹이고 가슴에 아이를 안고 다니는 사람으로 묘사한다(민수 11,12; 탈출 34,6; 신명 32,18; 이사 49,15; 63,15; 66,13; 시편 131,2).

― 나는 성모님을 우리의 어머니라고 배웠기에 항상 성모님께 기도한다. 굳이 하느님을 어머니라고 불러야 하는 이유가 무엇인가?

성모님을 공경하는 것은 당연하다. 하지만 성모님을 어머니라고 부른다고 해서 우리가 제기한 문제가 해결되는 것은 아니다. 성모님은 매우 특별한 인간임에 틀림없다. 인간이므로 하느님께 종속되고, 따라서 성모님을 통하여 여성성이 남성성에 종속되어 온 그리스도교 영성의 불균형을 바로잡을 수는 없다.

― '라하밈'에 관하여 언급할 때 하느님의 사랑에는 오직 여성적인 측면만이 있다고 말하는 것인가?

전혀 그렇지 않다. 성 요한 바오로 2세는 '라하밈'rahamim과 '헤세드'hesed라는 두 히브리 단어가 묘사하듯이 하느님의 자비에는 두 가지 측면이 있다고 말했다. 라하

밈과 헤세드는 사랑의 두 가지 다른 방식을 나타내는데 '헤세드'는 하느님의 신의, 하느님의 부성애를 의미한다. 곧 하느님께서는 당신 자신에게 신의를 지키시기 때문에 당신이 하신 약속에 대하여도 신의를 지키신다. 그런가 하면 '라하밈'은 하느님의 따뜻한 연민, 즉 태중의 아이를 결코 내치지 않는 하느님의 모성애를 의미한다.

— 하느님의 초월성은 주로 남성성과, 하느님의 내재성은 주로 여성성과 연관이 있다는 말을 전에는 들어 보지 못했다. 이러한 주장을 다른 사람들도 지지하는가?

남성성은 외부 세계를 중요하게 여기므로 하느님을 초월적인 분으로, 여성성은 내적 세계를 중요하게 여기므로 하느님을 내재하시는 분으로 여기게 된다는 발상은 에릭슨의 영향으로 시작되었다. 제임스 넬슨 James Nelson도 이와 비슷한 관점을 언급한다.

‥‥‥

여자는 성sexuality을 내적이고 신비로운 것으로 경험하는 경향이 있는 반면에 남자는 신비를 자신의 외부에 존재하는 것으로 보며 자신의 몸을 신비를 품고 있는 그릇으로가 아니라 그 신비 안으로 들어가 탐색하는 도구로, 곧 성적인 것으로 경험하는 경향이 있다. (중략) 이러한 신체적인 경험들은 남자들의 영적인 성향들을 드러내는 것 같다. 그중 하나는 외부성externality이다. 남자에게 신비는 내부보다는 '외부'에 존재한다. 이렇게 자아the self를 초월하여 자아 바깥에 존재하는 신비는 특정 경계선들에 의하여 분리된 자아에 의해서 통찰을 해야 하는 것으로 본다. 남자에게 신비는 자아에 의해 탐험되어야 하고 필요하다면 획득되어야 한다. 이러한 경향은 궁극적인 신비인 하느님께도 똑같이 적용된다. 남자에게 하느님은 내재적인 분이기보다 초월적인 분으로 체험된다. 즉 안에서가 아니라 저 너머 바깥에서 체험된다. 이러한 것이 남성성이 지배하는 신학의 특성이다. (중략) 신비에 대한 태도는 상이성otherness을 내면에서 끌어안기보다는 통찰해야 하는 대상으로 여긴다. 정복, 분석, 구별, 이해는 이러한 경향의 특징이다. 또한 신비 그 자체는 주로 질서, 구조, 법, 합리성 등의 특징이 있는 전형적인 남성적 덕목으로 이루어진 것으로 이해되는 경향이 있다.

조지프 캠벨은 이렇게 말한다. "신이나 창조주가 어머니인 종교에서는 온 세상이 그 창조주의 몸이다. 따라서 그 세상에는 어머니의 몸이 아닌 곳이 없다. 그러나 남성적인 신은 보통 세상 바깥 어딘가에 존재한다."

− 남자와 여자가 하느님을 다르게 인식하는 경향이 있고 그것이 어떻게 다른지에 관하여 설명했는데, 이것은 구원의 전 과정에 대하여 남녀가 인식하는 경향 또한 다르다는 것을 의미하는가?

왜곡된 남성적 가치관을 하느님의 본성으로 여기는 것을 보여 주는 또 하나의 예는 우리가 서로 연결된 공동체의 구성원으로서가 아니라 독립적인 한 개인으로서 구원받는다는 개념을 가지고 있다는 것이다. 캐럴 길리건Carol Gilligan과 조안 콘Joann Conn을 포함하여 많은 학자들이 지적한 것과 같이 남성적 특성은 자율성을 추구하고 여성적 특성은 상호 연관성을 추구하는 경향이 있다.

지옥은 전통적으로 남성적 특성을 강조하는 것으로 이해되어 왔으며 따라서 개개인은 천국이든 지옥이든 독자적이고 자율적인 선택을 하는 것으로 여겨져 왔다. 나(쉴라)의 어머니가 돌아가셨을 때 나는 이러한 관점이 가지는 한계를 분명히 느낄 수 있었다. 살아 계신 동안 어머니는 단 한 번도 사랑스러운 사람으로 살지 못하셨다. 어머니는 사람들이 말하는 지옥에 떨어질 그런 부류의 사람이었다. 어머니가 살아 계실 때 나는 자주 사랑을 어머니 안으로 불어넣는 단순한 기도를 하곤 했다. 어머니에게서 나에게 돌아오는 것이 아무것도 없다는 것을 느낄 수 있었다. 어머니가 돌아가신 후 나는 처음으로 성인들의 통공을 통하여 어머니의 사랑이 나에게 보내지는 것을 느낄 수 있었다. 나는 어머니가 하느님과 함께 계시고 치유되었다는 것을 알 수 있었다. 나는 할머니, 고모와 이모들, 여선생님들의 사랑을 받았지만 어머니의 사랑은 고유하고 특별한 것이었으며 그것이 이런 것임을 전에는 결코 알지 못했다. 어머니의 사랑은 나에게 깊은 치유를 가져왔으며 성장의 핵심적 원동력이 되었다. 어머니가 영원히 지옥으로 가 버리셨다면 나의 일부도 영원히 지옥을 헤매게 되었을 것이라는 점이 너무도 분명하게 다가왔다. 우리는 모두 서로에게 연결되어 있다는 여성적 통찰을 통하여 함께 구원되거나 함께 구원받지 못할 것이라는 생각을 하게 된다.

로빈슨도 몸을 인간의 개별적인 특징을 상징하기보다는 다른 모든 창조물과의 연대와 결속의 상징으로 여기는 히브리적 사고에 근거하여 이와 비슷한 결론에 도달한다. 따라서 몸의 부활에 대한 교리는 우리에게 다음과 같이 가르친다.

·····

 전체와 분리되어 홀로 구원될 수는 없다는 주장은 (중략) 인간은 몸을 통하여 우주에 존재하는 모든 생명체, 모든 만물과 유기적으로 연결되어 있다. 개인의 구원은 이 전체에서 분리됨으로써가 아니라 전체 안에서 전체와 더불어 이루어진다. 그리스도교의 복음은 자연과 역사로부터 인간을 분리하여 구원해 내는 것에 대한 것이 아니라 (중략) 무수히 많은 창조물들의 모든 관계를 새로운 하늘과 새로운 땅 안으로, 하느님의 도성 안으로, 그리스도의 몸 안으로 받아들이는 구원에 관한 것이다. (로마 8,19-23; 필리 3,21 참조)

 돌턴Dalton도 우리가 모두 함께 구원되거나 구원받지 못한다는 점을 지적하는데, 우리의 사랑이 부족함으로 인한 다른 사람의 잘못에 대하여 우리에게 공동 책임이 있음을 강조한다.

.....

 (중략) 나의 형제들 중 누구라도 영원한 지옥에 떨어진다면 내가 진정으로 구원받을 수 있을까? (중략) 나의 모든 죄는 세상의 죄라는 전염병에 추가되는 것이다. 이러한 현상은 나쁜 본보기 또는 개인적인 영향 이상의 영향력을 갖는다. 우리는 모두 다른 사람들이 미래에 짓는 죄에 대해 부분적으로 책임이 있다.

 – 전적으로 남성적인 하느님만을 믿는다면 성숙한 사람이 될 수 없다는 말인가?

 우리는 어떤 사람이 성숙한 사람인지 판단하기를 원하지 않는다. 하지만 우리는 자신이 흠숭하는 하느님을 닮아 가는 경향이 있기 때문에 온전히 남성적 하느님 이미지를 가진 사람들이 성심리적psychosexual 성숙에 있어서 더 어려워하는 것이 사실이다. 예를 들어, 조안 콘은 그녀가 가르치는 여학생들을 관찰한 결과, '하느님이 남성으로만 그려져도 상관없고 교회 안에서 남자들과 똑같은 것이 허용되지 않아도 상관없다'는 입장의 학생들은 개인적인 성장이 많이 위축된 것을 볼 수 있었다. 반면 정체성이 성장하는 학생들의 경우에는 그들의 하느님 이미지에 여성성이 포함되어 있지 않으면 하느님과의 관계에서 부담과 압박감을 느끼는 것을 볼 수 있었다. 따라서 여성이 자신의 성장하는 정체성, 즉 성숙한 여성으로서 자신의 본질과 하느님의 본질 사이의 연속성을 보지 못하면 그녀는 자신의 가장 본질적인 정체성을 버리거나 하느님에 대한 믿음을 버리게(또는 적어도 교정하게) 될 것이다.

그리고 여성성이 포함된 하느님 이미지를 가지고 있지 않은 남성은 그 자신의 여성적인 면을 모른 채 살 것이다. 아니면 그는 자신의 여성성을 다른 방법으로 찾으려고 애를 쓰면서 성장의 핵심적인 원천인 하느님에 대한 믿음을 버려야 할 수도 있다. 앤드류 그릴리 Andrew Greeley에 따르면 여성성이 포함된 하느님 이미지를 가진 남성은 더 균형 있는 인격을 가지고 영성적으로 더 성숙하며 여성들과 더 나은 관계를 형성하고 나아가 사회 정의에 더 헌신적이다.

— 우리가 속한 이 문화에서 많은 여성들이 성적 학대로 인한 깊은 상처로 고통을 받고 있다. 하느님 이미지가 변하면 이러한 상황도 변화할까?

우리는 그렇다고 생각한다. 우리가 살고 있는 문화와 교회 안에 만연한 여성들에 대한 평가 절하는 미국의 높은 강간 발생률에서 드러난다. 페기 샌데이Peggy Sanday는 이와 대조적으로, 여성성이 포함된 하느님 이미지를 가진 여성들이 종교 의식에서 적극적인 역할을 하고 있는 문화에서는 강간이 전혀 또는 거의 없다는 것을 발견했다.

하느님 이미지의 변화가 그토록 중요한 이유는 무엇인가?

— 타인에 대한 폭력이 어떻게 우리의 하느님 이미지와 관련이 있는지 예를 들어 설명할 수 있는가?

앞에서 사형에 관하여 언급했는데, 우리는 사형 제도가 매우 많은 미국인들이 가진 '복수하는 하느님' 이미지와 관련이 있다고 믿는다. 죄 없는 사람들이 사형을 당하고 있다는 엄연한 현실에도, 그리고 미국 가톨릭 교회의 주교들과 대부분의 수도회 장상들이 사형에 반대하고 있음에도 가톨릭 전문 주간지 〈NCR〉이 보도한 1991년 6월의 갤럽 여론 조사에 따르면 전체 미국인의 76퍼센트, 가톨릭 신자의 77퍼센트가 유죄 판결을 받은 살인범에 대한 사형을 지지하는 입장을 표명했다. 존 작스는 한스 위르겐 페어바이엔Hans-Jürgen Verweyen의 말을 인용하여 다음과 같이 말한다.

……

 자기 자신 외에 단 한 사람이라도 길을 잃고 지옥에 갈 가능성이 있다고 생각하는 사람은 다른 사람을 전적으로 사랑하기 어렵다. (중략) 특히 어떤 사람과의 인간적인 화합이 어려울 때 그 사람이 최종적으로 가게 될 지옥이 있다는 생각을 조금이라도 한다면 우리는 그 사람이 마음대로 하도록 그냥 내버려 두자는 유혹을 받게 된다.

 또 다른 하나의 예는 '우리 편이신 하느님'과 함께 싸운 전쟁들이다. 수십 년 동안 미국은 '심판석'에 앉아 '무시무시하게 빠른 검'으로 적들을 내리치는 복수의 하느님을 찬양하는 '공화국 찬가'(Battle Hymn of the Republic, 남북 전쟁 때 북군의 애국가)를 불렀다. 인디언들과의 전쟁이나 다른 나라와의 전쟁을 정당화하기 위해서 이 노래를 불렀다. 그 전쟁에서 미국은 노래가 찬양하는 하느님처럼 복수의 칼을 휘둘렀다. 가톨릭교회의 신학자 토마스 Thomas와 거트루드 사토리 Gertrude Sartory는 지옥에 대한 그리스도교의 믿음과 대량 살상에 대한 그리스도교의 개입이 서로 어떤 연관성을 가지는지에 관해 다음과 같이 썼다.

......

인류 역사상 어떤 종교도 그들과 다르게 생각하고 다른 것을 믿었던 수백만의 사람들에게 그들이 행한 일들에 대해 도의적인 책임을 느끼지 않는다. 그중에 그리스도교는 가장 잔인한 종교였다. 오늘날 그리스도인들은 그런 과거를 안고 살아야 하며 또한 '극복'해야 한다. (중략) 하느님께서 어떤 사람을 다른 이유에서가 아니라 단지 그가 이교도, 유다인 또는 이단자라는 이유만으로 지옥으로 보내신다고 믿는다면 이는 모든 이교도, 유다인, 이단자를 아무 쓸모없고 존재할 가치도 없는 사람들이라고 여기는 것이다. 이런 관점에서 볼 때 '그리스도인' 정복자들의 북아메리카와 남아메리카의 원주민들에 대한 거의 완벽한 말살 정책은 매우 일관성 있게 행해졌다. '지옥'에 대한 교의의 관점에서 보면 그들이 내세운 '세례 아니면 죽음'이라는 모토는 당연한 것이다.

중독과 같은 부정적인 행동의 원인은 지옥에 대한 두려움인가?

– 모든 중독의 뿌리는 우리가 하느님과 자기 자신, 타인, 우주와 연결되어 있다고 느끼는 소속감의 부재라고 말했다. 그렇다면 중독의 유전적 요인들에 관해서는 어떻게 보는가?

소속감의 필요를 강조한다고 해서 중독에 영향을 주는 유전적 소인의 역할을 간과하는 것은 아니다. 일반적으로 유전적 소인은 중독의 종류(알코올, 과식, 소아성애 등)를 선택하는 데 영향을 끼치며 중독 자체는 해결되지 않은 내적 고통에 대처하기 위한 수단이라고 이해된다. 다시 말해서 내가 수치심과 외로움으로 가득 차 사랑을 주고받을 수 있는 건강한 방식으로 그러한 감정들을 다룰 줄 모른다면, 나는 그런 내적 고통을 느끼지 않기 위해서 나의 유전적 소인이 알려 주는 대로 술을 마시거나 과식을 하거나 어린아이에게 치근거리게 될 것이다. 중독과 회복의 과정에서 소속감이 얼마나 중요한지는 우리가 쓴 책 「치유와 회복의 끈 소속감」(2016, 성바오로)에서 다루고 있다.

─ 지옥에 대한 두려움이 중독 외에 다른 정서적 고통들과는 일반적으로 어떤 관련이 있는가?

어린 자녀들을 둔 한 심리 치료사가 우리에게 이런 말을 했다. "아이들의 잘못을 바로잡고 싶을 때 가장 먼저 해야 할 일은, 어떤 경우에도 내가 자기들을 버리지 않을 것을 그들이 알도록 분위기를 만드는 것이라네." 이 친구는 우리가 '착할' 때만 조건적 사랑을 받을 수 있다는 믿음에서 비롯된 두려움 곧 유기와 비소속에 대한 두려움이 중독뿐 아니라 다른 모든, 적어도 대부분의 정서적인 병의 원인이라는 것을 이해하고 있었다. 우리는 이런 두려움을 처음에는 부모에게서 배우고 나중에 그것을 하느님께 투사하는 경향을 지니고 있다. 스위스의 위대한 정신의학자 폴 투르니에Paul Tournier는 "하느님의 사랑을 잃을 것에 대한 두려움, 이것이 인간이 가진 문제와 심리학의 본질이다."라고 기술한다. 버나드 쿡 Bernard Cook이 말하듯이 심리적으로 건강하려면 우리는 하느님이 다음과 같은 분이시라는 것을 알아야 한다.

・・・・・

(중략) 우리 인간에 대한 연민으로 가득한 사랑은 흔들림 없이 충실하고 절대적이다. 하느님은 우리 때문에 불쾌했다가 다정해졌다가 하지 않으신다. 하느님은 우리 때문에 기분이 상하시는 그런 분이 전혀 아니시며, 우리가 당신을 달래주기를 바라지 않으신다. 하느님의 용서는 우리가 죄를 인정하고 회개하는 것에 대한 응답이 아니라 우리가 회개를 하게 하는 원인이다. 우리는 자애로운 부모가 자녀를 대하는 방식을 통해서 인간의 죄에 대한 하느님의 모습을 깨달을 수 있다. 부모는 어린 자녀가 잘못을 인지하도록 지도하고, 책임을 질 만한 나이가 되면 책임감을 느끼도록 지도하며, 아이의 태도와 행동 습관이 향상되도록 도와준다. 그리고 아이를 용서해야 할 일이 있을 때 부모는 아이가 용서를 빌 때까

지 기다리지 않는다. 부모의 용서는 아이가 '죄'를 짓기 전부터 이미 예정되어 있던 것이다. 이런 용서는 부모에게서 결코 철회되는 법이 없으며 용서는 부모로 하여금 자녀가 윤리적 책임감을 갖도록 인도하는, 모든 노력을 가능하게 만드는 힘의 원천이다.

벌은 절대로 치유할 수 없고 사랑만이 치유한다

— 벌에 대한 두려움이 절대로 사람을 변화시킬 수 없다면 왜 성경에서는 하느님을 두려워하라고 가르치는가?

어떤 사람들은 '하느님을 두려워하라'는 성경 말씀으로 다른 사람들의 두려움을 이용하여 그들의 행동을 조종하는 것을 정당화한다. 그러나 영어 번역본에서 '두려움'fear은 그리스어로 '주님에 대한 두려움'phobos이라는 표현에서 'phobos'를 의미하는데, 이는 다른 사람의 위협으로 인하여 경험하게 되는 두려움을 의미하지 않는다. 윌리엄 버클리William Barclay에 따르면 'phobos'는 하느님과 관련하여 사랑의 경이로움을 의미하는 '경외심'으로 번역하는 것이 더 적절하다(시편 103,11-17 참조).

우리는 모두 착한 염소

- 마태오 복음 25장은 사람들이 천국 또는 지옥으로 보내진다는 것을 증명하기 위해서 가장 자주 인용된다고 한다. 그 말씀에 대한 해석에서 또 다른 근거를 제시해 줄 수 있는가?

마태 25,31-46에 대한 딕Deak의 해석은 우리의 해석과 비슷하다. 딕은 양과 염소는 서로 다른 두 집단의 사람들을 의미하는 것이 아니라 모든 사람 안에 공존하는 두 가지 현실, 곧 '실현된 선'과 '과거의 실패'라는 두 종류의 현실을 의미하는 것이라고 말한다.

우리는 마태오 복음 25장에 대한 이러한 이해가 본문의 의미를 잃게 하지 않는다는 것을 깨달았다. 우리는 하느님의 계시 안에서 '아직'이라는 역사적 차원을 부정할 수 없으며, 하느님의 나라는 우리의 현재 경험 안에서 오직 우리 안에만 존재한다고 말할 수 있다. 하지만 동시에 하느님의 나라는 우리의 현재 경험을 통해서 우리 안에도 또한 존재한다고도 말할 수 있다. 이와 같이 지금 경험하는 내적 경험은 천국과 지옥의 신비를 이해하기 위해 애쓰는 우리에게 꼭 필요한 정보를 제공한다.

한편, 돌턴은 두 집단의 사람들을 언급하면서 좀 더 역사적인 관점에서 이 성경 말씀을 이해하고자 한다. 돌턴은 염소에 대한 메시지를 실제로 일어날 일에 대한 서술이 아니라 하나의 경고로 이해한다. 염소의 상황에 대하여 돌턴은 "하느님의 은총과 자비를 받는 인간이 이러한 절망적인 상황에 도달한 적이 있는지는 확인되지 않았다."고 말한다.

위대한 성서 학자 윌리엄 버클리는 자신을 '독실한 보편 구원론자'라고 소개한다. 그는 왼편의 염소들이 '영원한 벌'을 받도록 보내지는 마태오 복음 25장 46절에 대한 논평에서 그것은 영원히 지속되는 징벌을 의미하는 것이 아니라 오히려 우리의 시간 개념과 전혀 다른 영역에서 일어나는 하느님의 구원과 치유 행위를 의미한다고 말한다.

······

 벌을 의미하는 그리스어 '코라시스'kolasis는 본래 윤리적인 의미를 전혀 가지고 있지 않다. 원래는 나무가 더 잘 자라도록 하기 위해서 행하는 가지치기를 의미했다. 그리스의 모든 세속 문학에서 'kolasis'는 치료적인 벌의 의미로만 쓰였다. 또한 영원을 뜻하는 단어 'aiónios'는 이 단어를 만든 플라톤에게 영원히 지속되는 것 이상을 의미한다. 플라톤은 어떤 것이 영원히 지속될 수 있지만 'aiónios'하지는 않을 수 있다고 분명하게 말한다. 좀 더 간단하게 말하자면 'aiónios'는 하느님 외에 다른 어떤 것에도 부합되지 않는, 플라톤에 따르면 그것은 하느님께만 적용되는 단어이다. 그러므로 영원한 벌이라는 것은 말 뜻 그대로 치료적인 벌을 의미하는 것으로, 하느님께서 주시기에 어울리는 벌일 뿐 아니라 하느님만이 주실 수 있는 벌이다.

– 지옥에 대한 성경 말씀을 상징적으로 해석하는 것은 교회 가르침을 왜곡하는 것이 아닌가?

우리는 진정한 왜곡이란 특정 시대에 상징적으로 이해하도록 만들어진 것을 문자 그대로 모든 시대에 적용하는 것이라고 믿는다. 로즈마리 레드포드 루터Rosemary Radford Reuther는 이것을 '절대화된 상상력의 횡포'The tyranny of the absolutizing imagination라고 부른다. 또한 폴 틸리히Paull Tillich는 다음과 같이 말한다.

·····

서구 사회에서 비종교화의 첫걸음을 뗀 것은 바로 종교 자체이다. 그것은 종교가 그 종교의 위대한 상징들에 대한 방어를 하면서 시작되었다. 이 상징들은 종교가 세상과 삶을 해석하는 수단이었는데 그것들을 상징이 아니라 실제 이야기로 받아들였기 때문이다.

칼 라너와 몇몇 신학자들은 현대 교회가 지옥에 대한 교리를 다시 쓸 필요가 있다고 말한다. 교리의 개정이 특별히 중요한 이유는 공식적인 교리 교육이 많은 경우에 '불', '영원히 지속되는', '지옥' 등과 같은 성경의 표현들에 대한 문자적 해석에 기반을 두고 있는데 이와 대조적으로 예수님께서는 그러한 것들에 대한 상징적인 해석을 의도하셨기 때문이다. 윌리엄 돌턴은 다음의 예를 들어 설명한다.

·····

리용에서의 제1차 에큐메니컬 공의회는 지옥에 간 사람들은 '꺼지지 않는 지옥 불에서 영원히 극심한 고통을 겪는다.' (Dz 839)고 선언했다. 공의회의 교부들이 무슨 생각으로 그런 말을 했든지 그들의 선언을 상징적으로 해석하지 않는다면 오늘날 우리는 많은 오해와 오류를 초래할 것이다.

– 천국과 지옥에 대한 표현을 상징적으로 이해해야 한다

고 했다. 그렇다면 '지옥의 꺼지지 않는 화염'과 같은 표현은 어떻게 이해해야 하는가?

'영원한 지옥 불'을 언급할 때 예수님께서는 그 이미지를 통하여 자기 파괴적인 방향으로 향하는 인간의 혼란에 대하여 설명하신다. 우리가 '지옥'이라고 번역하는 말은 히브리어 '게헨나'gehenna에서 유래한다. '게헨나'는 쓰레기 하치장으로 사용되던 예루살렘 동남쪽에 위치한 골짜기를 이르는 말이다. 이곳은 예수님이 태어나기 전부터 여러 세대에 걸쳐 쓰레기를 소각했던 곳인데, 골짜기라는 지리적 요건으로 인하여 그 상공에 쓰레기더미가 계속 불타게 하는 기류가 만들어졌다. 게헨나를 통하여 시각적으로 전달되는 지옥에 대한 메시지는 '스스로를 잘 돌보지 않으면 저 쓰레기처럼 나락에 떨어질 것이다.'였다. 유다인들에게 게헨나는 이 세상의 일부로 지금 어떤 일이 일어나고 있는지를 보여 주는 곳이었다. 다시 말하면, 예수님께서는 신학적인 정확성을 따지거나 미래에 벌을 받을 장소를 문자 그대로 묘사하지 않으시고, 당대의 이미지를 사용하셨다. 예수님께서 보복적인 징벌의 위협을 언급하신 것은 사람들을 지옥으로 보내기 위해서가 아니라, 당신 제자들이 심신이 건강하고 서로 더 많이 사랑하기 위해서 순종하는 것이 얼마나 중요한지를 보여 주시기 위해서였다.

이와 같이 예수님께서는 마태오 복음 25장에서 굶주린 사람들을 먹이고, 헐벗은 사람들을 입히고, 감옥에 있는 사람들을 방문하는 것과 같은 인간의 가치에 대한 당신의 깊고 궁극적인 관심을 강조하기 위하여 비유적 이미지를 사용하신 것이다. 예수님께서는 종말에 관한 이미지들을 앞으로 다가올 징벌을 정확하게 묘사하기 위해서가 아니라, 제자들에 대한 궁극적이고 깊은 소망, 곧 제자들이 서로 사랑하기를 바라는 마음을 분명하게 표현하기 위하여 사용하셨다. 예를 들어, '불'을 언급하셨을 때 그 불은 죄를 지은 사람들이 불 속에서 속죄를 하도록 하느님께서 물리적인 불을 만드셨다는 뜻이 아니다. 칼리스토스 웨어Kalistos Ware에 의하면 오히려 불은 지옥에도 존재하는 하느님의 사랑을 상징하는 이미지이다. 라너는 다음과 같이 말한다.

·····

예수님께서 그 시대에 인간에게 경종을 울릴 수 있는 한 가지 방법으로 인간의 영원한 파멸을 언급하시고, 그것을 설명하기 위하여 사용하시는 은유적 표현들이 바로 불, 벌레, 어둠과 같은 이미지들이다. 그리고 이러한 이미지들은 당대의 묵시 문학적 정신세계에서 차용한 것이다. (중략) '영원한 상실'과 같은 표현도 실제적인 상실 곧 죽음을 의미하는 것이 아니라 하나의 이미지로 사용된 것이라고 할 수 있다.

예수님께서는 '영원히 지속되는' 또는 '영원한'(그리스어 aiónios)을 일시적인 상태를 묘사하는 이미지로 이해하셨다. 'aiónios'는 그리스어 명사 'aión'의 형용사로, 「Greek-English Lexicon of the New Testament」(그리스어 영어 신약 성경 사전)에는 한 "세대" 또는 한 사람의 "일생"에서 "영원"까지 아우르는 무한한 기간을 의미하는 것으로 기록되어 있다. 아마도 예수님께 '영원한 지옥 불'의 이미지는, 게헤나 골짜기 상공의 기류가 계속해서 쓰레기 하치장에서 불길이 타오르게 하는 것과 같은 무한한 기간을 뜻했을 것이다.

앞에서 언급한 것처럼 성서 학자 윌리엄 버클리는 'aiónios'를 양적인 시간이 아니라 질적으로 다른 시간, 곧 인간의 시간이 아니라 하느님의 시간을 의미하는 것으로 정의한다. 그는 "우리는 거의 본능적으로 영생은 본래 영원히 지속되는 삶을 의미하는 것이라고 가정하는데, 우리가 이러한 가정에서 벗어나야만 영원한 생명의 참된 의미를 깨달을 수 있다."고 말한다.

조지 말로니Gerorge Maloney는 "70인역 성경의 다니엘서와 마카베오기에서 '영원한', '불멸의', '영원히 지속되는' 등의 표현을 사용하고 있는데 그것은 그 시대에 무한한 기간을 묘사하기 위하여 널리 쓰인 표현이다."라고 한다. 이와 같이 '영원한', '영원히 지속되는'이라는 표현은 하나의 이미지이지 결코 "오늘날 우리가 이해하는 것처럼 형이상학적 개념으로서의 끝이 없는, 영원히 지속되는 무한함"만을 의미하는 것이 아니다.

아마도 우리가 기억해야 할 가장 중요한 것은 '영원히 지속되는', '영원한'과 같은 말들이 이미지이며 동시에 그 이미지는 연인의 언어라는 것이다. 잃어버린 작은아들과 큰아들을 찾아 헤매는 아버지처럼 연인에게 하루는 '영원'일 수 있다. 데니스와 마태오의 할아버지가 돌아가신 뒤로 할머니는 하루가 지난 52년의 결혼 생활보다 더 길게 느껴진다고 말씀하셨다. 화해해야 할 사람에게서 올 전화를 기다려 본 사람이라면 그 얼마 안 되는 몇 시간이 영원처럼 느껴진다는 것을 이해할 수 있을 것이다.

참고 문헌

하느님께서
지옥으로 보내는
사람이 있을까?

Augustine Contra Julianum opus imperfectum, liber 6, XI (PL 45, col. 1519, line 42), trans. by Francis Kelly Nemeck, O.M.I.

Kenneth Bailey, *The Cross and the Prodigal* (St. Louis: Concordia, 1973). 되찾은 양의 비유, 22.

Kenneth Bailey, *Poet and Peasant and Through Peasant Eyes* (Grand Rapids: Eerdmans, 1976). 예수님의 발을 씻긴 여자, 1-21. 되찾은 아들의 비유, 164, 176-177, 183-184, 195.

William Barclay, *New Testametn Words* (Philadelphia: Westminster, 1974). Phobos, 227-232. Aiónios, 33-41.

William Barclay, *A Spiritual Autobiography* (Grand Rapids: Eerdmans, 1975). 마태 25장, 58-61.

Karl Barth, *Church Dogmatics*, trans. by G.L.M. Haire, et al. (Edinburgh: T & T Clark, 1936), II/2. "불가능한 가능성", 503.

Karl Barth, *Table Talk*, ed.by John D. Godsey (Edinburgh: Oliver and Boyd, 1963). 자유, 37.

Nikolai Berdyaev, *The Destiny of Man* (New York: Charles Scribner's Sons, 1937). 지옥으로부터 나오도록 이끄는 자유, 348.

Nikolai Berdyaev, *Truth and Revelation*, tr. by R.M. French (London: G. Bles, 1953), 114 and *Dream and Reality* (London: G. Bles, 1950), 71. 하느님과 형사 재판에 관하여. Both cited in Deak, 22.

Ladislaus Boros, "Regarding the Theology of Death", in *Readings in Christian Eschatology*, ed. by Franz Mussner (Derby, NY: Society of St. Paul, 1966), 124ff.

Raymond E. Brown, *The Gospels and Epistles of John* (Collegeville: Liturgical Press, 1988), Parakletos, 80.

Serge Bulgakov, *The Orthodox Church* (London: Centenary Press , 1935), 208-209.

James Tunstead Burtchaell, C.S.C., "An Ancient Gift, a Thing of Joy", *Notre Dame* Magazine (Winter, 1985-86), 되찾은 아들, 15. 법정과 같은 고해성사, 16. 대죄, 18. 아래로의 명상, 22; also found in *Philemon's Problem: The Daily Dilemma of the Christian* (Chicago: ACTA, 1973).

Joseph Campbell, *The Power of Myth* (New York: Doubleday, 1988), 아벨라르의 구원 신학, 112. 어머니이신 하느님, 49.

Joann Wolski Conn, "영성과 개인적 성숙", in Robert J. Wicks et al. (eds.), *Clinical Handbook of Pastoral Counseling* (New York: Paulist Press, 1985), 37-57. 자율성 대 유대감에 관하여.

Joann Wolski Conn, "제한과 재건", in *Women's Spirituality* (Mahwah, NJ: Paulist Press, 1986). 여성적 하느님 이미지, 14-16.

Bernard Cooke, "너 자신 용서하기: 모든 화해의 근본", *Praying*, No.19 (July-August, 1987). 우리에 대한 하느님의 태도, 11.

Bernard Cooke, "비가부장적 구원", in Joann Wolski Conn (ed.), *Women's Spirituality* (Mahwah, NJ: Paulist Press, 1986) 274-286. 하느님을 '아빠'Abba라고 부르시는 예수님에 관하여.

William J. Dalton, S.J., *Salvation and Damnation* (Theology Today Series, #41) (Butler, WI: Clergy Book Service, 1977). 지옥에 간 사람이 있다고 주장하기 위해 가장 자주 사용되는 성경 본문들에 관한 연구. 오르게네스, 75-76. 루카 16,19-31; 마태 25장, 40. 바오로 성인의 인간의 죄, 44. 공동 책임, 73. 상징적 언어, 17-73, 80.

Esteban Deak, *Apokatastasis: The Problem of*

Universal Salvation in Twentieth Century Theology (Esteban Deak: Toronto, 1979, ISBN #0969011504). 보편적 구원에 관한 개신교와 로마 가톨릭교회의 입장. 검사로서의 하느님, 22, 33-38, 284-285, 307-315, 359. "불가능한 가능성"으로서의 지옥에 관한 바르트의 견해, 278, 346. 개신교 신학의 보편 구원론으로의 움직임, 208. 만유 구원론 대 보편 구원론, 60, 257. 오르게네스, 8-9. 죽음의 순간의 선택, 301-302. 마태 25장, 344-345.

Denzinger-Schonmetzer, *Enchiridion Symbolorum, Definitionum et Declarationum* (Freiburg I. B.: Herder, 1963). 가능성으로서의 지옥, 문서 #72, 76, 801, 858, 1306. 오르게네스의 단죄, #411. 죽음의 순간의 최종 선택, #858, 1002.

Meister Eckhart, tran. Matthew Fox, *Meditations with Meister Eckhart* (Santa Fe: Bear & Co., 1983), 28.

Erik Erikson, *Identity: Youth and Crisis* (New York: W.W. Norton, 1968). 아동 놀이에 관한 연구, 268-271. 성

sexuality이 하느님에 대한 우리의 인식에 미치는 영향, 293-297.

Charles H. Giblin, "루카 복음 15장에 관한 구조적 신학적 숙고", *Catholic Biblical Quarterly,* Vol. 24 (1962), 16.

Carol Gilligan, *In a Different Voice* (Cambridge, MA: Harvard University Press, 1982).

Andrew Greeley, *The Religious Imagination* (New York: William Sadlier, 1981), 23-29 and 209-213.

John Heaney, S.J., *The Sacred and the Psychic* (Ramsey, NJ: Paulist, 1984). Near-death experience, 129-148

Gerard Hughes, S.J., *God of Surprises* (London: Darton Longman & Todd LTd, 1985). 친애하는 조지 아저씨, 34.

Walter Imbiorski, quoted in Dick Westley, *Redemptive Intimacy: A New Perspective for the Journey to Adult Faith* (P.O. Box 180, Mystic, CT 06355, 1-800-321-0411: Twenty-Third

Publications, 1981), 111-112.

Joachim Jeremias, *The Proclamation of Jesus* (New York: Charles Scribner's Sons, 1972), 116-117.

The New Jerusalem Bible (Garden City: Doubleday, 1985). 지옥으로 내려가신 예수님, footnote h to 1베드 3,19. 타락한 천사들, footnote a to 창세 6장.

Robert Jewett, *Jesus Against the Rapture* (Philadelphia: Westminster Press, 1979), 51-65.

교황 요한 바오로 1세, 1978년 9월 10일의 연설. 전문은 "평화를 위한 기도"Praying for Peace라는 제목으로 찾아볼 수 있다. in Mattew O'Connell (ed.), *The Pope Speaks* (Huntington, IN: Sunday Visitor), 23:4, 314.

성 요한 바오로 2세, 회칙「자비로우신 하느님」Rich in Mercy, 주 #52.

Elisabeth Kübler-Ross, quoted in Plowboy, "The Plowboy Interview: Elisabeth Kübler-Ross on Living, Dying... and Beyond", *The Mother Earth*

News, May-June, 1983.

Hans Küng, *Eternal Life?* translated by Edward Quinn (Garden City: Doubleday, 1984). Decision at death, 137. Quote from Thomas & Gertrude Sartory, 132.

George Maloney, *The Everlasting Now* (Notre Dame: Ave Maria, 1980), 111.

Richard McBrien, *Catholicism* (Study Edition) (Minneapolis: Winston, 1981), 1152.

Alice Miller, *Banished Knowledge* (New York: Doubleday, 1990), 33 & 35.

Raymond Moody, *Life After Life* (Covington, GA: Mockingbird, 1975).

Raymond Moody, *Reflections on Life After Life* (New York: Bantam, 1977).

NCR (October 9, 1992), 5.

James Nelson, "남성성과 남성적 영성", in *SIECUS Report,* 13:4 (March, 1985), 1-4.

David Nygren and Miriam Ukeritis, study reported in the *Minneapolis Star Tribune* (October 10 1992), 10E.

Daniel J. O'Hanlon, S.J., "그리스도교적 관습의 통합, 서양의 그리스도인이 동쪽을 바라보다", *Studies in the Spirituality of Jesuits* (May, 1984), 10-11.

Karl Rahner, "종말론적 선언에 대한 해석학", in *Theological Investigations*, Vol. Ⅳ (Baltimore: Helicon, 1966). 가톨릭교회 교의 재구성의 필요성에 관하여.

Karl Rahner, S.J. (ed.), *Sacramentum Mundi: An Encyclopedia of Theology*, Vol. I (New York: Herder & Herder, 1968), "만유 구원설", 지옥에 가는 사람이 있는가에 대하여. "지옥", 지옥 벌에 관한 은유에 대하여. ("Gehinnom", in *The Universal Jewish Encyclopedia*, Vol. 4 [New York: Ktav, 1969], 520-521; J.L. McKenzie, *Dictionary of the Bible* [Milwaukee: Bruce, 1965], 300, 801; Dalton, 17-73).

Rosemary Radford Reuther, "Envisioning Our Hopes: Some Models of the Future", in Kalven &

Buckley (eds.), *Women's Spirit Bonding* (New York: Pilgrim Press, 1984), 335.

Kenneth Ring, *Life at Death: A Scientific Investigation of Near-Death Experience* (New York: Coward, McCann & Geoghegan, 1980).

John A. T. Robinson, *In the End God* (New York: Harper & Row, 1968). 죽음 뒤의 기회, 44. 육체의 부활, 100. 지옥으로 향한 길, 133.

Carl Rogers, *On Becoming a Person* (Boston: Houghton Mifflin, 1961), 104-105.

Richard Rohr, "자비의 성경적 근거", 1988년 9월 그리스도인 심리 치료사 협회 회의 연설문.

John Sachs, "보편적 구원과 지옥의 문제", *Theological Studies*, 52 (1991), 227-254. 보편적 구원에 관한 로마 가톨릭교회의 최근 입장에 대한 개요. 현대 가톨릭교회 신학자들의 동의, 242. 라너와 자유 의지, 247. 한스 위르겐 페어바이엔에서 인용, 254.

Peggy Reeves Sanday, "강간의 사회·문화적 맥락: 비교 문화적 연구", *The Journal of Social Issues*, 37:4 (1981).

Thomas & Gertrude Sartory, *In der Hölle brennt kein Feuer* (Munich, 1968), 88-89. 큉의 번역 및 인용.

Sandra Schneiders, *Women and the Word* (Mahwah, NJ: Paulist Press, 1986). 삼위일체, 2-3. 아버지의 일을 이어받으시는 예수님, 42-44.

Piet Schoonenberg, S.J., "나는 영생을 믿는다", *Concilium, Dogma, the Problem of Eschatology* (New York; Herder & Herder, 1969), 110.

Paul Smith, "궁극적인 화해에 관한 그리스도교 교리에 관한 강의록", Kansas City, MO (January, 1989), 32.

Dr. Robert Stuckey, M.D., "희망을 가져야 한다", *New Catholic World* Vol. 232, No 1390 (July/August, 1989). 중재, 160-161. 하느님 이미지, 161-162.

Paul Tillich, "마지막 차원", in George Brantl (ed.),

The Religious Experience (New York; Braziller, 1964), 590.

Paul Tournier, *Guilt & Grace* (San Francisco: Harper & Row, 1983), 189-197.

Hans Urs von Balthasar, "지옥으로의 내려감"Abstieg zur Hölle에서 번역 발췌. quoted in *The Von Balthasar Reader*, Medard Kehl & Werner Loser (ed.) (New York: Crossroad, 1982). 지옥으로 내려가시는 예수님, 153.

Hans Urs von Balthasar, 존 작스의 "보편적 구원과 지옥의 문제"에 인용. *Theological Studies*, 52 (1991). 지옥으로 내려가시는 예수님, 244.

Kallistos Ware, "'그리스도 안에서 한 몸이 되다', 죽음과 성인들의 통공", *Sobornost*, 3:2 (1981), 184.

Dick Westley, *Redemptive Intimacy* (Mystic, CT: Twenty-Third Publications, 1981). 안셀모의 구원 신학이 어떻게 세 명의 신약 성경 신학자들 가운데 유일하게 한 명의 신학자와 입장을 같이하는지에 관하여는 112ff를 보라.

Elie Wiesel, *Night* (Bantam: New York, 1982), 61ff.

(Re: William Wilson), *As Bill Sees It* (New York: Alcoholics Anonymous World Services, 1967). 사랑만이 치유할 수 있다, 98.

(Re: William Wilson), *'Pass It On'* (New York: Alcoholics Anonymous World Services, 1984). 빌의 첫 한 잔, 56. 빌의 회개 체험, 121.

William Wilson, *Twelve Steps and Twelve Traditions* (New York: Alcoholics Anonymous World Services, 1953). God of belonging, 105.

Pierre Wolf, *May I Hate God?* (Mahwah, NJ: Paulist Press, 1979).

옮긴이

김인호

대전교구 사제(2003년 수품)로 이탈리아 로마의 그레고리안 대학교에서 심리학 석사 학위를 받았다. 대전 삼성동 본당 주임 신부를 거쳐 현재 대전 가톨릭대학교 교수로 있다. 서울대교구 영성 심리 상담 교육원, 문화 영성 대학원, 대전 가톨릭대학교 부설 혼인과 가정 대학 등에서 강의하고 있다.

장미희

충남대학교 영어 영문학과를 졸업하고 영국 University of East London에서 상담 및 심리 치료 석사 학위를 받았다. 대전 성모여자 고등학교에서 영어를 가르쳤으며, 영국 Institute of St. Anselm에서 Integrative Spiritual Counselling 상담사 및 상담 슈퍼바이저 자격을 획득하고, 동 기관에서 개인 및 집단 상담사, 상담 슈퍼바이저로 일했다. 현재 서울대교구 영성 심리 상담 교육원에서 가톨릭 상담 봉사자 양성을 위한 교육 및 상담을 하고 있다.